AF452064

ESSAI

sur

LA FAUNULE MALACOLOGIQUE

DE LA SARTHE

ESSAI

SUR

LA FAUNULE MALACOLOGIQUE

DE LA SARTHE

PAR

P. MORIN

INSTITUTEUR A MONTFORT-LE-ROTROU
OFFICIER D'ACADÉMIE
MEMBRE DE LA SOCIÉTÉ D'AGRICULTURE
SCIENCES ET ARTS DE LA SARTHE

LE MANS
TYPOGRAPHIE EDMOND MONNOYER
—
1891

ESSAI

sur

LA FAUNULE MALACOLOGIQUE

DE LA SARTHE

PRÉFACE.

Depuis la publication de l'*Histoire des Mollusques de la Sarthe* du Dr Goupil, en 1835, une vingtaine d'espèces, dont la présence a été rigoureusement constatée dans notre région, sont venues enrichir notre faune locale. Quelques-unes ont été l'objet de descriptions scientifiques, mais la plupart d'entre elles ont été simplement enregistrées.

En 1880, j'avais formé une liste des espèces récemment découvertes et entrepris la confection d'un catalogue général ; dès 1883, j'y faisais des additions importantes, provenant des récoltes si intéressantes de M. Huard, naturaliste au Mans, à qui revient la meilleure part dans tout ce qui regarde la malacologie sarthoise.

Aujourd'hui, la méthode que j'avais suivie, a vieilli : elle n'est plus au niveau des progrès de la science.

J'ai essayé, dans le nouveau travail que je présente, de grouper nos espèces d'après le système de classification du

Dr P. Fischer, dans son *Manuel de Conchyliologie* (1). Cet ouvrage, si recommandable, et que j'ai pris pour guide, devrait avoir sa place dans toutes les bibliothèques des amateurs de conchyliologie.

Je me suis donc proposé de dresser un nouveau catalogue analytique et descriptif de tous les mollusques vivant dans nos limites. Les diagnoses spécifiques, portant principalement sur la coquille, ont été faites sur des spécimens de ma collection ou de celle de M. Huard. J'aurais voulu les abréger davantage, mais j'ai craint de leur enlever tout caractère scientifique.

J'ai mis en tête de toutes les divisions un tableau dichotomique, dont l'usage seul pourra donner l'appréciation. Quant à la synonymie, je l'ai simplifiée le plus possible, pour ne pas embarrasser inutilement la méthode; toutefois j'ai donné un certain nombre de noms français de Geoffroy, qui caractérisent déjà un peu l'espèce, aux yeux des commençants.

J'ai les plus sincères remerciements à adresser à MM. P. Fischer et H. Crosse, les deux éminents directeurs du *Journal de Conchyliologie*, pour les précieuses indications qu'ils m'ont fournies; à M. Dautzenberg, le savant vice-président de la Société zoologique de France, qui a bien voulu se charger de la détermination de mes espèces litigieuses, à M. Gentil, président de la Société d'Agriculture, Sciences et Arts de la Sarthe, qui a fortement encouragé mes essais et m'a aidé de ses conseils éclairés; à mon ami, M. Huard, qui m'a fait connaître les localités précises de nos espèces rares.

Malgré de si bons appuis, je crains bien d'être resté fort au-dessous de la tâche que j'ai entreprise, et je demande la plus grande indulgence pour cette nouvelle étude.

Montfort-le-Rotrou, 15 novembre 1890.

MORIN P.

(1) Un volume grand in-8 avec planches. Savy, éditeur, boulevard Saint-Germain, 77, Paris.

LEXIQUE

A

Acéphalé : sans tête distincte; ancienne division des Mollusques; correspond à Lamellibranche et à Pélécypode.

Aculéiforme : en forme d'aiguillon.

Adducteurs : muscles d'attache dont les contractions rapprochent les deux valves d'une coquille de Pélécypode.

Ampullacé : d'ampoule; globuleux, gonflé.

Apical : du sommet; point par lequel a commencé la coquille; synonyme d'*umbonal* dans les Pélécypodes.

Apophyses : prolongement; éminence qui s'élève hors du corps d'une partie solide.

Auriforme : en forme d'oreille.

B

Bouche : ouverture; base de la coquille par laquelle sort l'animal des univalves. — Organe complexe de l'animal servant à la manducation.

Bouclier ou **Cuirasse** : portion plus épaisse du manteau située sur la partie antérieure du corps des Mollusques géophiles et contenant l'orifice respiratoire.

Branchies : organe lamelliforme ou pectiniforme servant à la respiration des Mollusques aquatiques.

Byssus : filaments cornés, résistants, au moyen desquels certains Mollusques peuvent se fixer aux corps étrangers (Pinna, Mytilus).

C

Calyculé : en forme de calice, de coupe.

Cardinales : dents placées sous les sommets des coquilles bivalves et occupant le centre de la charnière.

Carène : pli plus ou moins saillant, à la base du dernier tour d'une coquille univalve — partie saillante du corselet des bivalves.

Céphalé : Mollusque ayant une tête distincte portant à l'extérieur des tentacules, à l'intérieur une ou plusieurs mâchoires, une radule, des palpes, etc.

Charnière : mode d'articulation des deux valves des coquilles de Pélécypodes.

Claviforme : en forme de clé, de massue.

Collier : pli formé sur le cou des Hélicéens par l'épaississement des bords du manteau.

Columelle : axe ou pilier solide des coquilles spirales.

Corselet ou **Ecusson** : partie d'une coquille bivalve, en arrière des sommets, de chaque côté du ligament, et plus ou moins séparée du reste des valves par des carènes saillantes.

Crochets ou **Umbo** : point par où commence la croissance d'une valve de Pélécypode.

Cunéiforme : en forme de coin.

Cupuliforme : en forme de coupe, de godet.

Cuspides : pointes terminales des lames dentaires d'Hélicéens, divisées en internes, moyennes et externes.

D

Dactyliforme : en forme de doigt.

Décurrente : bande, saillies ou stries qui se prolongent sur toute une coquille.

Dents : petites éminences à l'intérieur de l'ouverture d'une coquille univalve — ou sur le bord des valves de Pélécypodes pour fortifier l'articulation. *Voir* Cardinales et Latérales.

Déprimée : coquille aplatie, à spire très courte.

Dextre : enroulement ordinaire de coquille à droite.

Discoïde : semblable à un disque ; tours de spire enroulés dans le même plan.

E

Édentule : coquille sans dents à l'ouverture.

Édule : comestible.

Équilatérale : coquille bivalve dont les sommets sont au centre de chaque valve.

Équivalve : à valves égales.

Évasé : péristome élargi en entonnoir.

F

Fascies : bandes colorées entourant une coquille.

Flammée ou **flambée** : ornée de flammes irrégulières ou interrompues.

Fusiforme : en forme de fuseau ; renflé au milieu, aminci aux extrémités.

H

Hispide : surface hérissée de poils.

I

Imbriqué : surface à écailles recouvrantes comme les tuiles d'un toit.

Imperforée : coquille dont le trou ombilical est recouvert ou n'existe pas.

Infléchi : péristome courbé en dedans.

L

Labre : bord externe de l'ouverture d'une coquille univalve ; opposé à la columelle.

Langue : partie de la bouche des Céphalés, de consistance cartilagineuse, recouverte d'une membrane sèche, striée, guillochée, garnie de papilles et de crochets (*Radule*). Cette langue est presque toujours en mouvement ; elle lèche, lape, frotte, lime avec beaucoup de force (Moquin-Tandon).

Latérales : dents de coquille bivalve situées de chaque côté des dents cardinales et qui en sont plus ou moins écartées.

Ligament : partie élastique servant à relier les deux valves d'une coquille de Pélécypode.

Linguiforme : en forme de langue.

Lunule : espace ovale en avant des crochets dans les coquilles bivalves.

M

Mâchoire : partie de la bouche des Céphalés ; organe composé de plusieurs pièces ou plaques cornées, dures, tranchantes, et divisé en :

Odontognathe : surface portant des côtes très marquées (*Helix nemoralis*).

Oxignathe : surface lisse ou finement striée, bord intérieur muni d'une saillie médiane ou rostre (*Zonites, Limax*).

Aulacognathe : surface finement sillonnée; bords non crénelés (*Pupa*).

Stégognathe : mâchoire finement plissée, à plis imbriqués (*Punctum pygmæum*), parallèles ou obliques au centre (*Bulimulus*).

Elasmognathe : surface lissée ou striée. Une large plaque quadrangulaire placée au-dessus du bord supérieur (*Succinea*) (*Manuel Fischer, 1887*).

Manteau : peau épaisse et musculaire, enveloppant le corps des Céphalés. Organe bilobé tapissant à l'intérieur les valves de Pélécypodes. C'est le générateur de la coquille.

Marginé : bordé.

Mucroné : terminé par une petite pointe.

Mufle : partie antérieure de la tête dans les Céphalés à tête proboscidiforme.

Mytiliforme : forme de Moule (*Mytilus*).

N

Natèces : parties des valves de Pélécypodes situées immédiatement au-dessous des sommets : c'est le jeune âge de la coquille.

Nucléus : sommet de la spire. — Point où commence l'opercule.

Nymphes : éminences allongées sur lesquelles s'insère le ligament des coquilles bivalves.

O

Obturateur : qui bouche l'ouverture.

Obsolète : usé, détérioré par le temps.

Oculifère : qui porte les yeux.

Ombilic : trou formé au centre d'une Coquille univalve par l'évasement de la columelle et laissant apercevoir à la base un ou deux tours intérieurs de la spire.

Opercule : pièce cornée ou calcaire fixée à la partie postérieure du pied de l'animal de certains Céphalés et destinée à fermer leur coquille.

Ovoïde : en forme d'œuf; renflé dans la partie médiane.

P

Palléal : de pallium, manteau; bord inférieur d'une coquille bivalve — impression palléale, ligne d'attache du manteau parallèle au bord inférieur — Sinus palléal, échancrure dans l'impression palléale indiquant que l'animal possédait des siphons rétractiles.

Patelliforme : en forme de plat renversé.

Paucispiré : à tours peu nombreux.

Pectiné : finement denticulé comme un peigne.

Pédicule : petit pied, petit support.

Pédieux : du pied.

Perforée : Coquille univalve dont le trou ombilical est très petit.

Péristome : pourtour de l'ouverture d'une coquille univalve. Il est dit :

Simple, quand il est droit sans être épaissi ni réfléchi.

Tranchant, quand il est droit, à bord coupant, aminci.

Bordé, quand il est doublé d'un bourrelet intérieur.

Continu, quand les deux

bords se réunissent sur l'avant-dernier tour.

Interrompu ou *Disjoint* quand le côté gauche de l'ouverture est formé par le dernier tour seul.

Réfléchi, quand il se renverse en dehors.

Le développement du péristome est un moyen employé pour distinguer une coquille jeune d'une adulte. Les coquilles jeunes ont ordinairement leur péristome très mince et tranchant.

Pied : épaississement ventral ou disque musculaire, généralement en forme de semelle aplatie, servant à la reptation par une sorte de glissement.

Piriforme : en forme de poire.

Piscinales : habitant les piscines, viviers, étangs.

Planospire : spire plane, coquille aplatie.

Ponctiforme : en forme de point.

Pondéreuses : Coquilles pesantes.

Proboscidiforme : en forme de trompe. Tête allongée de Cyclostome, Paludine, etc.

Pupiforme : Coquille ressemblant à celle d'un Pupa.

R

Radule ou **Odontophore**, *Plaque* ou *Ruban lingual*. Membrane de la langue, qui est reçue en arrière de la bouche dans une poche en forme de talon recourbé où elle s'enroule sur elle-même (A. Granger). La surface de cette plaque est hérissée d'une multitude de dents disposées en rangées symétriques, horizontales ou obliques par rapport à la ligne des dents centrales.

Chaque rangée comprend.

Une *dent centrale*; les dents voisines et de chaque côté du centre sont nommées *latérales*, et les dents placées le plus près des bords de la plaque sont appelées *marginales* (Fischer).

A mesure que la partie antérieure de la membrane s'use par l'exercice ou perd ses denticules, le ruban est poussé en avant par un mécanisme spécial, à peu près comme la lame de fer dans le rabot du menuisier, de telle sorte que la partie agissante est toujours neuve et dans les meilleures conditions pour · fonctionner (Moquin-Tandon).

Résorbées (Cloisons). Mollusques ayant la faculté de dissoudre la colonne spirale interne de leur coquille (Carychium).

Rostre : bec; prolongement en forme de bec du bord postérieur dans les bivalves (Unio, Anodonta).

S

Saxicole : qui vit sur les rochers.

Scalaire ou **Scalariforme** (escalier). Coquille où il existe un écartement entre deux tours de spire.

Sécuriforme : pied en forme de fer de hache, de cognée.

Senestre : gauche : coquille dont l'ouverture est à gauche de l'observateur, le sommet étant en haut.

Septum, septiforme : en forme de cloison.

Serriforme : en dents de scie.

Sessile : dépourvu de support propre ; opposé à pédonculé.

Sétacé : en forme de soie raide.

Siphon : prolongement du manteau qui amène aux branchies l'eau nécessaire à la respiraton.

Sommet : Point où a commencé la coquille ; synonyme de crochets pour les bivalves.

Spatuliforme : en forme de spatule, de cuiller.

Spire : partie de coquille univalve enroulée autour de la columelle.

Stries : lignes creuses ou élevées rayant une coquille ; elles sont dites *spirales*, quand elles tournent dans le sens de la spire, *longitudinales* ou *transverses*, quand elles sont situées dans le sens de l'axe.

Suture : ligne de jonction des tours de spire.

T

Tentacules : Sortes de cornes mobiles placées en avant de la tête des Céphalés. Elles sont au nombre de quatre ou de deux et sont le siège du toucher le plus exquis. Les grands tentacules portent les yeux à leur extrémité ou vers leur base.

Les tentacules sont *rétractiles*, quand l'animal les fait rentrer complètement ; *contractiles*, quand il peut seulement les raccourcir en les contractant.

Test : produit calcaire ou corné sécrété par le manteau et qui devient la coquille. Les bourrelets plus ou moins prononcés de la surface sont les stries d'accroissement.

Tétragone : à 4 angles.

Transverse : coquille bivalve plus longue que haute.

Treillissée : surface offrant des stries verticales et longitudinales se coupant à angle droit.

Trigone : à 3 angles.

Trochiforme : en forme de cône très court (Trochus).

Turbiné : conique à base arrondie (Turbo).

Turriculée : coquille allongée, à tours de spire peu convexes et à suture peu profonde.

U

Unguiforme : en forme d'ongle (Testacella).

V

Valves : les deux pièces formant la coquille des Pélécypodes.

Il importe de distinguer la valve droite de la valve gauche. Pour cela il suffit de placer la coquille dans la position de l'animal quand il marche, c'est-à-dire les sommets en haut, la lunule en avant, le ligament en arrière et le bord tranchant vertical sur une surface plane. La valve gauche sera à la gauche de l'observateur et la valve droite correspondra à son côté droit.

Généralement le petit côté marche en avant et le rostre ou côté le plus long se trouve à l'arrière.

La coquille est dite *fermée*, quand les valves se joignent hermétiquement ; *baillante*, quand elle ne peut se fermer complètement.

Y

Yeux : organes de la vision chez les Céphalés ; ils sont portés au sommet des tentacules ou situés vers leur base.

EMBRANCHEMENT DES MALACOZOAIRES
MALACOZOARIA. Blainville, 1824.

Sous-Embranchement des MOLLUSQUES proprement dits.
MOLLUSCA. Linné, 1758 (pro parte).

Animaux invertébrés, mous, symétriques, ou asymétriques, sans squelette articulé, ni moelle épinière, enveloppés d'une peau ou derme musculaire (*Manteau*), contractile, de forme variable, dans laquelle ou sur laquelle se développent le plus souvent une ou plusieurs parties calcaires ou cornées (*Coquille*), offrant aux organes essentiels une protection ou un abri. Circulation complète à sang blanc ou bleuâtre. Respiration aérienne ou aquatique.

Les Mollusques de la Sarthe ont des représentants dans deux classes de ce sous-embranchement.

Mollusque céphalé nu ; à coquille interne, ou externe univalve.. GASTROPODA.

Mollusque acéphalé, pourvu d'une coquille bivalve. PELECYPODA.

CLASSE DES GASTÉROPODES
GASTROPODA. Cuvier, em. 1798 (*Gasteropoda*).

Mollusques céphalés nus ou à coquille univalve, pourvus d'un appareil locomoteur représentant un disque charnu, aplati (*Pied*), placé sous le ventre de l'animal et servant à la reptation, qui s'opère par une série de contractions musculaires.

Mollusques hermaphrodites, nus ou à coquille univalve inoperculée (1).................................... PULMONATA.

Mollusques dioïques, à coquille univalve operculée. PROSOBRANCHIATA.

---

(1) Ne pas confondre l'*Epiphragme des Hélicéens*, qui est caduc, avec un opercule véritable tenant au pied de l'animal.

Sous-Classe **UNIVALVIA**. Coquille d'une pièce.

Androgyna. Animaux hermaphrodites.

§. — *Accouplement réciproque.*

Ordre des *PULMONATA*. Cuvier, 1817.

Animaux nus ou à coquille unique, terrestres ou fluviatiles, respirant l'air ordinaire qui pénètre dans une poche à parois vasculaires et à orifice contractile. Sexes réunis sur chaque individu. Dépourvus de mâchoires ou munis d'une mâchoire unique, arquée, simple ou formée de plusieurs pièces. Yeux situés à l'extrémité de tentacules rétractiles ou invaginables, ou placés à la base de tentacules contractiles, mais non invaginables.

Coquilles de formes variées, *holostomes*, c'est-à-dire sans prolongement en canal antérieur.

1. { Pulmonés terrestres, nus ou à coquille............. 2.
   { Pulmonés d'eau douce, à coquille externe......... HYGROPHILA.

2. { Pulmonés terrestres ordinaires, organes génitaux confondus, yeux pédonculés.................................... GEOPHILA.
   { Pulmonés terrestres des lieux humides, organes génitaux écartés, yeux sessiles, coquille externe............. .... GEHYDROPHILA.

Sous-Ordre I. — **GEOPHILA**. Férussac, 1812.

§. — *Pulmonés terrestres inoperculés.*

Le plus souvent quatre tentacules; les deux antérieurs oculifères à leur extrémité.

La plus grande partie des mollusques terrestres de notre région appartiennent à ce sous-ordre, qui se divise en grandes coupes d'après la position respective des organes génitaux, l'absence ou la présence d'une mâchoire, simple ou avec appendice.

1. { Coq. rudimentaire, unguiforme, ne protégeant qu'une très faible partie de l'animal............................ TESTACELLIDÆ.
   { Coq. interne, ou coq. externe spirale, mince, fragile, à péristome tranchant .... LIMACIDÆ.

2. { Mollusques nus ou moll. à coq. externes variées, contenant l'animal entier.. HELICIDÆ.
   { Coq. allongée, cylindracée, à ouvert. petite, souvent rétrécie par des dents.. PUPIDÆ.

3. { Coq. allongée, transparente; columelle plus ou moins tronquée à la base... STENOGYRIDÆ.
   { Coq. jaunâtre, imperforée, oblongue, pellucide, contenant l'animal avec peine.. SUCCINEIDÆ.

A. Monotremata

Organes génitaux confondus ou contigus, s'ouvrant dans un seul cloaque.

Famille I. TESTACELLIDÆ.

Pas de mâchoire. Radule très développée formée de séries obliques de dents très allongées, étroites, aiguës au sommet. Coquille externe, unguiforme, ne protégeant qu'une faible partie de l'animal.

Genre. TESTACELLA. Cuvier, 1800.

Etym. du latin; diminutif de testa, coquille.

Animal limaciforme, allongé et atténué vers la tête, beaucoup plus grand que sa coquille, qui ne recouvre en arrière qu'une petite partie de son corps. Tentacules étroits, cylindriques. Orifice génital en arrière du tentacule droit. Orifice respiratoire en arrière du côté droit au-dessous du sommet subspiral de la coquille. — Pas de dent centrale. Dents linguales à pointe en forme d'hameçon.

Coquille petite, auriforme, située postérieurement et protégeant la cavité pulmonaire.

1. T. HALIOTIDEA Draparnaud, 1801.

Animal à peau épaisse, coriace, d'un jaune-grisâtre ou roux pâle, pouvant atteindre jusqu'à 12 centimètres de longueur, mais ordinairement long de 6 à 9 centimètres avec un diamètre de 10 millimètres. Coquille petite, auriforme, fauve ou grisâtre, striée concentriquement, paucispirée; ouverture très grande, ovale, columelle aplatie, bord gauche roulé en dedans. Ressemble à celle d'une espèce marine : l'*Haliotide,* d'où l'origine du nom spécifique.

Dimensions de la coquille : longueur : 6-10 millim.; largeur : 4-7 millim.; hauteur : 2 millim.

Habitat. Généralement la France méridionale; se rencontre plus rarement dans le centre et ne dépasse guère librement le 48e degré de latitude. Dans notre département, cette espèce se trouve au Mans et dans les localités voisines : Sargé, Yvré-l'Évêque, Neuville, etc. Elle a été recueillie sur certains points extrêmes : Avessé, Chérancé, Gréez-sur-Roc. Vit durant le jour enfouie dans la terre, où elle creuse des galeries; sort de sa retraite le soir et la nuit. Pour en faire la capture, il faut la chercher, soit en béchant dans les terrains qu'elle affectionne de préférence, comme les jardins, les clos autour des habitations, ou en parcourant ces mêmes lieux avant le lever du soleil, et c'est alors qu'on la rencontre rampant sur le sol ou cachée sous des pierres.

Mœurs. — Les Testacelles sont des Gastéropodes essentiellement carnassiers, dits *Mollusques* de proie, c'est-à-dire chassant les animaux vivants qu'elles avalent par succion. Se nourrissent surtout de lombrics ou vers de terre qu'elles poursuivent dans leurs galeries souterraines; pour les saisir elles dilatent leur orifice buccal et portent au dehors leur appareil lingual garni de spinules en forme d'hameçon. Quand la proie est saisie, la rétraction s'opère au moyen de muscles puissants, dont le nombre va jusqu'à 30 chez le *T. haliotidea.* Il n'est pas très rare de rencontrer cette espèce dans la position d'avaler un lombric dont la moitié du corps demeure suspendue à sa bouche. A défaut de lombrics, les testacelles attaquent des animaux du même genre et même d'autres mollusques (Limax, Helix). Dans les grandes sécheresses, ces animaux s'enveloppent d'une espèce de cocon terreux formé au moyen de l'exsudation de leur mucus. Si on le brise, on voit l'animal contracté, en partie recouvert par le manteau très développé, d'un blanc opaque, mais qui se contracte alors rapidement jusqu'à ce qu'il ne dépasse que de très peu le bord de la coquille (Woodward).

Notre espèce pond environ une douzaine d'œufs à coque calcaire, d'un diamètre assez considérable et légèrement acuminés aux deux extrémités ; ils sont isolés et déposés assez avant en terre.

Famille II. LIMACIDÆ.

Mâchoire arquée, sans côtes longitudinales, à bord inférieur formant une saillie médiane ou rostre (oxygnathe). Plaque linguale à rangées de dents horizontales ou légèrement obliques. — Dents marginales aiguës, étroites, aculéiformes. Coquille interne ou externe. Le principal caractère de cette famille est la saillie médiane, rostriforme du bord inférieur de la mâchoire, bien prononcée.

1. Pas de coquille externe ; bouclier renfermant une coquille interne (Limacelle).............................. LIMAX.
Une coquille externe............................. 2.

2. Coq. très petite, imperforée ; 3 tours de spire ; ouverture auriforme................................. VITRINA.
Coq. hyaline, mince, ombiliquée ; plus de 3 tours ; péristome aigu..................... ZONITES, S. G. HYALINIA.

Genre 1. LIMAX (Linné, 1758). Férussac, 1819.

Etym. du grec : Limace.

Animal allongé, cylindriforme, atténué en arrière. Manteau formant antérieurement une cuirasse, ornée de stries fines concentriques et contenant vers sa partie postérieure, sous le bouclier, un rudiment de coquille interne calcaire, de forme ovalaire, aplatie, non spirale et nommée limacelle. Orifice respiratoire au bord droit de la cuirasse. Orifice génital en arrière du grand tentacule droit. Pas de pore muqueux caudal.

1. Animal long de 8 à 20 centim., de couleur variée... 2.
Animal long de 3 à 4 cent., de couleur uniforme.... 3.

2. Ordinairement d'un gris cendré ou vineux, avec des bandes noirâtres............................ L. MAXIMUS.
Gris-jaunâtre, marqué de taches roussâtres........ L. VARIEGATUS.

3. { Coloration uniforme variable, rarement marquetée
de taches.................................... L. AGRESTIS.
Coloration violette uniforme..................... L. SYLVATICUS.

1. L. **MAXIMUS** Linné, 1758.
— *cinereus*. Müller, 1774.
— *antiquorum*. Férussac, 1819.

Très variable pour sa taille et sa coloration, suivant les lieux qu'elle habite. Ordinairement d'un gris cendré ou lie-de-vin, ornée de taches ou de bandes noirâtres en dessus; blanchâtre en dessous. Bouclier un peu appointi en arrière, corps allongé; tentacules cendrés ou roussâtres.

Longueur : 12-20 centim. — Diamètre : 2 cent.

Pond 50 à 60 œufs réunis en chapelets de 20 à 30.

Habitat. — Toute la France. Commun. C'est l'espèce qui atteint la plus grande taille. Vit près des habitations, dans les jardins, le long des murs; dans les cours des fermes, dans les vieux bois gisant sur le sol; dans les souterrains et autres lieux frais et obscurs, ainsi que sous l'écorce des arbres pourris.

2. L. **VARIEGATUS** Draparnaud, 1801.
Vgt Limace blonde des caves.

Ordinairement gris-jaunâtre marquée de taches roussâtres; quelquefois jaune ou verdâtre, avec des lignes brunes longitudinales. Bouclier arrondi postérieurement; corps moins allongé que dans la précédente; limacelle onguiculée, tentacules bleuâtres.

Longueur : 8-10 cent. — Diamètre : 2 centim.

Habitat. — Beaucoup moins commun que le précédent. Exsude un mucus jaune très abondant (Millet). — Se rencontre dans les lieux obscurs et humides; vit dans les caves, les celliers, l'intérieur des puits, près des cuisines fraîches, où il vient dévorer les débris de pain et de légumes. Signalé au bourg de Chérancé, dans un puits, rampant sur le *Scolopendrium officinale* (Smith). Trouvé dans une cave, à Montfort.

3. **L. AGRESTIS** Linné, 1758.

— *filans* Hoy. 1790 et Auct. britann.
Var Loche grise.

Petite espèce ordinairement toute grise, mais dont la coloration uniforme est variable ; tantôt jaunâtre, blanchâtre, brunâtre ou cendrée ; rarement roussâtre avec des linéoles brunes ou de petites taches noirâtres. Corps cylindrique, terminé en dos d'âne vers son extrémité postérieure ; rugueux ou strié ; limacelle oblique, rhomboïdale, tête et tentacules noirâtres.

Longueur : 3-4 centim. — Diamètre : 6 millim.

Pond d'avril en novembre de 200 à 350 œufs.

Habitat. — Toute la France. Très commun. Vit dans les champs, les jardins, etc.

4. **L. SYLVATICUS** Draparnaud, 1805.

— *agrestis* var B. Dupuy, 1851.
— *agrestis* var. Sylvaticus, Moq-Tand, 1855.

Petite espèce de couleur violette sans taches ou avec trois lignes brunes. Très voisine de la précédente dont elle n'est peut-être qu'une variété. A peu près les mêmes dimensions. Pond un très grand nombre d'œufs.

Habitat. — Plus spécialement les bois. Assez rare. Montfort, bois de Mondoublerain.

Mœurs. — Les limaces font leur nourriture de matières végétales et animales en décomposition ; elles exercent de grands ravages dans les cultures en détruisant les jeunes semis, dans les jardins en dévorant les plants de salade, les fraises et une foule de légumes. L'espèce la plus commune, *L. agrestis*, se reproduit dans certaines années en telle quantité qu'elle fait un tort considérable aux blés, ainsi qu'à la culture potagère. L'animal de cette espèce sécrète un fil glutineux assez consistant pour supporter le poids de son corps et lui permettre de demeurer suspendue à ce filament adhérent à sa queue. C'est ainsi qu'après avoir monté sur un arbre, elle peut se laisser descendre de l'extrémité d'une branche sur le sol au moyen de ce fil muqueux (Woodward et Fischer). Cette faculté lui a valu le nom de *Limace filante*, *L. filans*, Hoy et autres auteurs anglais.

Les limaces pondent en terre dans un trou qu'elles ont creusé ; après la ponte, l'animal se retire et recouvre de terre la cavité qu'occupait son corps, Les œufs, translucides, ovales ou globuleux, sont ou isolés, ou réunis en chapelets (Granger). La ponte se fait assez peu de temps après l'accouplement, et généralement aux mois de mai et de juin.

Moyens de destruction. — Le plus efficace, sinon le plus pratique, est de leur faire la chasse matin et soir, au printemps et en automne, par un temps doux et pluvieux. La chaux en poudre, l'eau de chaux, le sable fin et plusieurs substances caustiques les font périr, mais leur emploi par simple aspersion est difficilement praticable dans les potagers (*Le Bon Jardinier*). M. Marcellin Vétillart, de Pont-lieue, que j'ai beaucoup connu, préconisait un moyen très simple pour la destruction de ces animaux qui font le désespoir des jardiniers. On place de distance en distance de petits tas de son qui servent de lieu de rassemblement aux limaces, et là on peut facilement les faire périr en répandant sur elles de la chaux en poudre.

Genre 2. VITRINA. Draparnaud, 1801.

Etym. du latin : vitrum, verre.

Animal gros, limaciforme, dont la partie postérieure seule est contenue dans la coquille, l'antérieure contractile sous le collier ; protégé par une demi-cuirasse avancée sur le cou, produisant à droite et en arrière un lobe spatuliforme ou balancier, sans cesse agité et à l'aide duquel l'animal polit sa coquille. Pied allongé, aigu, sans pore muqueux caudal.

Orifice respiratoire à droite et en arrière, sur le bord de la demi-cuirasse, à l'origine du balancier.

Orifice génital à droite, vers le milieu de la partie nue du cou.

Coquille dextre, proportionnellement fort petite, déprimée
ou subglobuleuse, extrêmement fragile, pellucide; spire de
3 tours, dont le dernier est très ample. Ombilic nul. Ouverture grande, auriforme; labre mince, tranchant, souvent
membraneux. Columelle linéaire, spirale, légèrement inflé-
chie.

Les *Vitrina,* autrefois classées parmi les *Helicidæ,* ont
une organisation voisine de celle des *Limax* : mâchoire avec
une saillie médiane, rostriforme à son bord inférieur ; radule
pourvue de dents marginales acuminées, étroites, bicuspi-
dées.

1. V. PELLUCIDA Müller, 1774, (Helix) non Pennant, nec Drapar-
    naud.
    — *diaphana.* Poiret, 1801.
    — *Beryllina.* C. Pfeiffer.

Animal grisâtre ou blanchâtre; yeux noirs. Pouvant rentrer
dans sa coquille *difficilement.*

Coquille ovale-globuleuse, un peu déprimée, d'un blanc
verdâtre, transparente, mince, pellucide, luisante, légère
ment striée, très fragile; 3 tours de spire dont le dernier est
très grand; ouverture très grande, subauriforme; bord columellaire évasé et un peu réfléchi. Sans ombilic.

Dimensions de la coquille, longueur : 6-8 millim. — Diamètre : 4-5 millim.

Cette espèce doit probablement être comprise dans la
2ᵉ section : *Phenacolimax,* Stabile, d'après la répartition des
espèces européennes.

La plupart des auteurs : Férussac, Goupil, de la Sarthe,
Drouet, Moquin-Tandon, Villa, séparent le *V. pellucida,*
Müller, espèce du Nord et de l'Est de la France, du *V. pellu-*
cida Draparnaud, qui serait plus particulièrement une espèce
méridionale. Certains autres : Deshayes, Michaud et Millet,
d'Angers, sont pour la réunion et établissent une synonymie
entre ces deux noms spécifiques. Fischer (*Manuel de Con-*
chyliologie, 1887), désigne sous le nom de *V. major,* Férus-

sac (*Helicolimax*), le *V. pellucida* Draparnaud, paraissant vouloir éviter ainsi la confusion entre les deux espèces.

Habitat. — Les lieux ombragés et humides, le bord des étangs, les bois, sous les feuilles, au pied des arbres, parmi la mousse. Le Mans (Gué-de-Maulny), Mamers (Huard); Brûlon, Sablé, Avessé (Goupil).

De Liesville, qui a fait des recherches sur les mollusques du Nord de la Sarthe, principalement dans le canton de Saint-Paterne, ne mentionne pas le genre Vitrina dans son catalogue (*Moll. des env. d'Alençon*, 1856).

Mœurs. — Les vitrines pondent de septembre en novembre; leurs œufs, globuleux et hyalins, sont réunis en petits paquets de huit à quinze par une couche de matière albumineuse qui les fixe sous les pierres ou dans les détritus de plantes (Granger). La saison la plus favorable pour la recherche du *V. pellucida* est l'hiver, même pendant les gelées et la première partie du printemps; cette espèce disparaît complètement pendant le reste de l'année (de l'Hôpital).

G. 3. ZONITES. Montfort, 1810.

Étym. du grec : qui a une ceinture.

Classés par les anciens auteurs parmi les Helix de Linné, les Zonites en furent séparés en 1810 par D. de Montfort (*Conchyl. systématique*, t. II). Il en forma un genre spécial qui fut longtemps sans être adopté. Aujourd'hui l'étude anatomique a démontré que ces pulmonés géophiles, bien que possédant une coquille héliciforme, ont une organisation interne se rapprochant de celle des Limax et doivent être compris dans la même famille.

Les Zonites diffèrent des Helix principalement : par leur mâchoire pourvue d'un rostre médian bien prononcé; par leurs dents marginales aiguës, unicuspidées, étroites et rangées obliquement; par la position de leur orifice génital très éloigné du grand tentacule droit; par leur coquille mince, déprimée, à péristome tranchant, non réfléchi.

Sous-genre. **HYALINIA**. Férussac. em. 1819 (Hyalina).

Étym. du grec : verre.

Animal rentrant complètement dans sa coquille. Pied portant un pore muqueux à peine distinct. Extrémité postérieure du pied légèrement échancré. Yeux noirs. Coquille ombiliquée ou subimperforée, mince, vitrée, fragile, luisante, unicolore ou bicolore, cornée; dernier tour non descendant; péristome mince, aigu.

1. { Coq. conique, imperforée, à ouverture comprimée; diam. moyen 3 mm...................................... H. FULVA.
{ Coq. aplatie, ombiliquée .... 2.

2. { Convexe en dessus; 6-7 tours de spire; diam. moyen 15 mm..................................... H. LUCIDA.
{ Déprimée, très aplatie; 5-6 tours; diam. moyen 12 mm..................................... H. CELLARIA.

3. { Discoïde, très fragile, d'un blanc cristallin; ombilic étroit; diam. 2-3 mm..................................... H. CRYSTALLINA.
{ Non discoïde .... 4.

4. { Subdéprimée, un peu convexe en dessus, ombilic très ouvert, diam. 6-8 mm..................................... H. NITIDA.
{ Très aplatie, concave en dessous; ombilic large, évasé; diam. 2-3 mm..................................... H. NITIDULA.

Section Vitrea.

1. H. LUCIDA, Draparnaud (Helix), *Tabl. Moll.*, 1801; non Montagu. nec Draparnaud (Helix), *Hist. moll.*, 1805
— *nitida*. Draparnaud (Helix). *Hist. moll.*, 1805

Coquille convexe en dessus, ombilic moyen, ouverture ovale oblique, 6-7 tours de spire, le dernier augmentant graduellement, et légèrement dilaté vers l'ouverture. Couleur de corne fauve en dessus, blanchâtre en dessous, surtout autour de l'ombilic; vivante, elle est en dessous d'une couleur blanc-bleuâtre, due à la présence de l'animal.

Hauteur, 7-9 mm. — Diamètre, 12-18 mm.

Habitat. — Les lieux ombragés et frais, sous les pierres, au pied des vieux murs, dans les localités cultivées et surtout près des habitations. Plus commun dans le Midi. Signalé au Mans, au pied des vieux murs de l'École supérieure, dans le square du Musée, à la Préfecture, dans le jardin de l'école de garçons de Pontlieue. On doit le rencontrer un peu partout.

Obs. — Goupil (*Moll. Sarthe*, 1835), a établi, sans distinction d'année, les deux espèces différentes : *H. lucida*, Drap. 1801 et *H. lucida* Drap. 1805, l'une comme synonyme de *H. nitida* Müller, ce qui est vrai, et l'autre comme synonyme de *H. cellaria* Müller, ce qui est faux.

2. H. CELLARIA Müller, 1774. (Helix)

Coquille déprimée, très aplatie, à ombilic assez ouvert, ouverture arrondie, perpendiculaire à l'axe de la coquille ; 5-6 tours de spire, le dernier légèrement comprimé, n'augmentant point subitement vers l'ouverture. Très brillante, jaunâtre ou roussâtre en dessus, transparente, mince, d'un blanc de lait assez peu prononcé en dessous.

Hauteur moyenne, 5 mm. — Diamètre, 10-15 mm.

Habitat. — Plus particulièrement la France septentrionale. Millet le cite comme rare en Anjou ; de Liesville n'en fait pas mention dans son catalogue (*Moll. des env. d'Alençon,* 1856). Cette espèce doit faire l'objet de constatations nouvelles dans notre région, afin d'éviter la confusion avec la précédente. Vit dans les lieux frais et humides, dans les caves, les puits, au pied des murs, sous les pierres, parmi la mousse, quelquefois dans les bois, dans les haies, sous les feuilles mortes.

3. H. NITIDA. Müller. 1774 (Helix) ; non Draparnaud (*Hist. moll.,* 1805).
— *lucida.* Draparnaud (Helix), *Hist. moll.,* 1805.

Coquille un peu convexe en dessus ; ombilic très ouvert ; ouverture demi-ovale, arrondie ; 4-5 tours de spire ; péristome un peu évasé, du côté de l'ombilic. Couleur d'un fauve corné, rarement verdâtre des deux côtés, luisante, transparente, légèrement striée.

Hauteur, 3-5 mm. — Diamètre, 6-8 mm.

Habitat. — Toute la France. Vit dans les lieux frais et ombragés, les bords des cours d'eau, des fossés, ainsi qu'au pied des murs, sous l'herbe, les pierres, les feuilles mor-

tes. Commun : Montfort, Pont-de-Gennes, Saint-Mars-la
Brière, etc.

Obs. — Millet (*Moll. Maine-et-Loire*, 1854) regardait
comme synonyme *H. nitida* Müller et *H. nitida* Draparnaud
(*Hist. Moll.*, 1805), qui sont deux espèces distinctes. Il est
vrai qu'il cite des figures différentes, à la même page, pour
cette dernière espèce sans donner d'explication.

4. H. NITIDULA Draparnaud (*Hist. Moll.*, 1805) (Helix).

Coquille très aplatie, concave en dessous; ombilic évasé;
ouverture demi-ovale; péristome tranchant. Couleur de corne
claire, luisante. La plus petite espèce de toutes les Zonites.

Hauteur, 1 mm. — Diamètre, 2-3 mm.

Habitat. — La France méridionale et centrale. Mis au
rang des espèces sarthoises sur la foi de M. Chaudron, ex-
pharmacien, au Mans (*Catalogue de sa Collection*, 1861);
d'après l'affirmation verbale de M. l'abbé Davoust, ancien
curé de Brûlon (1861); sur la foi du catalogue de Liesville,
qui l'a trouvé dans les jardins aux environs d'Alençon, —
Yvré-l'Évêque? Asnières? — Sans localité bien précise dans
le département. Rare. Vit dans les bois, sous les feuilles
mortes et les pierres, recherche l'humidité (Hagenmuller).
Jardins, au pied des buis, sous les pierres (de Liesville).

5. H. CRYSTALLINA Müller, 1774 (Helix).

Coquille déprimée, très peu convexe, discoïde, très mince,
très fragile; ombilic étroit; ouverture semi-lunaire, arrondie; 5 tours de spire très serrés; péristome simple, épaissi.
Couleur d'un blanc cristallin, rarement verdâtre, à l'état
vivant; morte, elle devient d'un blanc mat.

Hauteur, 1 mm.-1 mm. 1/2. — Diamètre, 2-3 mm.

Habitat. — Toute la France. Vit sous les pierres, les
feuilles mortes, parmi la mousse, dans les bois humides, les
marais, les herbages; au pied des vieux murs, des haies; sur
le bord des ruisseaux et des fossés. Le Mans, l'Épau; parc de
Montfort (Morin).

Section Conulus, Moquin-Tandon, 1855.

6. H. FULVA Müller, 1774 (Helix).

Coquille conique, à sommet obtus, à peine striée longitudinalement et en spirale ; très mince, demi-transparente, luisante. Ombilic nul ou très peu apparent Ouverture comprimée, plus large que haute ; 5 tours de spire ; péristome simple, blanchâtre. Couleur de succin ou fauve. Épiphragme nul.

Hauteur, 2-3 mm. — Diamètre, 2-4 mm.

Habitat. — Toute la France, mais assez rare partout. Très rare dans la Sarthe, où il a été signalé dans les localités suivantes : Le Mans, à l'Épau (Anjubault et Morin) ; Coulaines, à Riolas (Anjubault) ; Avessé, près de la Guyonnière, au château de Martigné (Goupil) ; la prée du Mans (Huard) ; pré de la Blanchisserie de Pontlieue (Morin). Vit dans les lieux frais, sous les feuilles mortes et la mousse, sous les pierres et autres corps durs. Paraît préférer les bois humides ; se trouve aussi dans les prairies, le long des cours d'eau.

Famille III. **HELICIDÆ**.

Mollusques nus, limaciformes, sans coquille distincte, mais contenant des granulations calcaires, cristalliformes ; ou pourvus de coquilles externes de formes variées dans lesquelles ils peuvent rentrer complètement. Mâchoires de types divers. Radule composée de séries horizontales de dents. Dents marginales courtes et très obtuses.

Animal nu, limaciforme ; pas de coquille distincte........ Arion.
Coquille externe variable, ombiliq. ou non ; périst. simple ou réfléchi ; pas d'opercule.................................... Helix.

G. 1. **ARION**. Férussac, 1819.

Étym. du nom d'un fameux musicien grec : Arion de Méthymne (Myth.).

Animal nu, limaciforme, ovale-allongé, demi-cylindrique, contractile. Corps plus gros au milieu qu'aux extrémités, couvert d'une peau très rugueuse, obtuse à son extrémité postérieure où elle est pourvue d'une glande mucipare bien développée. Cuirasse distincte, granuleuse, chagrinée. Orifice respiratoire au bord droit et antérieur de la cuirasse. Orifice génital près de l'orifice respiratoire. Mâchoire forte, arquée, munie de côtes longitudinales, saillantes. Tentacules terminés en bouton.

Coquille nulle, représentée sous la partie postérieure de la cuirasse ou bouclier par des granulations calcaires, isolées ou agglomérées.

Les Arion diffèrent des Limax principalement : par la forme de leur mâchoire (odontognathe) qui les rapproche des Helix ; par l'absence de coquille interne bien développée ; par la situation de l'orifice génital ; par la forme de leur pied à bords larges séparés du corps par un sillon ; par la présence d'un pore muqueux caudal bien développé et sécrétant un mucus abondant.

Moquin-Tandon a établi deux sections dans ce genre.

1re Section. LOCHEA. Moquin-Tandon, 1855.

Espèces dont la cuirasse recouvre de petites granulations calcaires, inégales, isolées, sans trace de limacelle.

1. A. EMPIRICORUM Férussac, 1819.
— *rufus.* Linné, 1758 (Limax)
Vulgairement grosse loche rouge, Arion des charlatans.

Animal épais d'un roux plus ou moins fauve ; cuirasse moins foncée que le corps ; tentacules noirâtres. Varie du jaune-orange au brun-noir par toutes les teintes.

Var. B. *Ater* Linn. (Limax). Animal d'un brun noir.

Var. C. *Subrufus* Lister (Limax). Animal roussâtre pâle.

Var. D. *Flavescens* Millet. Animal jaunâtre.

Longueur, 8-12 centim. — Diamètre, 1-2 centim.

Habitat. — Les prairies, les vergers, sous les haies, dans les lieux ombragés, parmi les plantes potagères. La variété B, plus spécialement dans les bois. Commun.

2e Section. PROLEPIS. Moquin-Tandon, 1855.

Espèces dont la cuirasse recouvre une limacelle imparfaite, rugueuse et qui semble produite par l'agrégation de granulations calcaires.

2. A. **HORTENSIS** Férussac, 1819.

Animal cylindroïde. noir en dessus, quelquefois grisâtre ; blanchâtre ou orangé en dessous ; tentacules blanchâtres. Couleur assez variable.

Longueur, 3-4 centim. — Diamètre, 2-3 mm.

Habitat. — Plus spécialement la France septentrionale. Vit dans les jardins, les champs, les vergers, les lieux humides, sous les pierres, les feuilles mortes. Espèce très vorace, moins commune chez nous que la précédente. Signalée par Goupil à Avessé, château de Martigné.

Mœurs. — Les Arions sont des animaux voraces qui se nourrissent de substances végétales et animales en décomposition ; ils sont attirés par toutes les matières odorantes, par les champignons, etc. A défaut d'aliments végétaux, ils s'attaquent aux proies mortes. Goupil les a vus dans les jardins, attachés aux cadavres écrasés de plusieurs espèces d'Helix. Dévorent des lombrics morts ou même des individus blessés de leur espèce. Ne sortent en général que pendant la nuit ou pendant le jour après la pluie. Chaque espèce présente de nombreuses variétés. Pondent de mai en septembre soixante-dix à cent œufs ovales, opaques et isolés ; ceux de l'*A. hortensis* sont phosphorescents pendant les quinze premiers jours de la ponte.

L'*A. empiricorum* était employé autrefois comme remède dans la médecine empirique des charlatans.

G. 2. HELIX. Linné, 1758.

Étym. du grec : spirale.

Mollusque rentrant complètement dans sa coquille. Orifice pulmonaire arrondi, situé sur le collier, qui est épais, charnu. Orifice génital commun, près de la base du grand tentacule droit. Tête assez distincte ; quatre tentacules en bouton à leur sommet, rétractiles, renflés, les supérieurs très longs et oculés au sommet. Mâchoires de divers types. Dents linguales en séries horizontales.

Coquille de forme variable, dextre, quelquefois sénestre. Ouverture oblique, ovale, semi-lunaire, ayant ses bords désunis par la saillie de l'avant-dernier tour de spire. Ombilic visible ou couvert. Péristome simple ou réfléchi.

Certaines espèces ont l'ouverture de leur coquille fermée pendant l'hibernation, par une sécrétion plus ou moins calcaire, nommée épiphragme, toujours finement perforée en face de l'orifice respiratoire. Cette pièce accessoire ne saurait être considérée comme un opercule : elle n'est pas fixée au pied de l'animal et tombe au printemps.

La variété des formes de ce grand genre, qui comprend aujourd'hui environ 3.500 espèces, rend impossible toute diagnose courte et précise. Les meilleurs caractères sont tirés à la fois de la forme de la coquille, de la structure interne des animaux et de la distribution géographique des espèces.

Fischer (*Manuel de Conchyliologie*, 1887), le partage en seize groupes ou sous-genres, subdivisés en un grand nombre de sections. Cinq de ces groupes ont des représentants dans la Sarthe.

1.	Coquille globuleuse	(I)	2-8.
	Coquille conique	(II)	9.
	Coquille subdéprimée	(III)	10-14.
	Coquille aplatie	(IV)	15-18.

I. Coquille globuleuse.

2.	Coq. imperforée	3-4.
	Coq. perforée	5-6.
	Coq. ombiliquée	7-8.

A. *Coquille imperforée.*

3.	Coq. grande, conique-globuleuse, chagrinée, ornée de bandes flambées. 35 mm., diam	H. ASPERSA.
	Coq. moyenne, non chagrinée, rubannée ou non. 20 mm., diam	4.
4.	Péristome d'un brun noirâtre	H. NEMORALIS.
	Péristome blanc	H. HORTENSIS.

B. *Coquille perforée.*

5.	Coq. tr. grande, tr. ventrue, roussâtre ; stries fortes irrégulières diam., 40 mm	H. POMATIA.
	Coq. moyenne, non ventrue ; stries légères	6.

16 { Coq. roussâtre tachetée, luisante; une bande brune sur les derniers tours; diam., 20 mm.................... H. ARBUSTORUM.

Coq. fauve subcarénée, translucide; une bande blanche sur la carène; diam., 12 mm....................... H. LIMBATA.

C. *Coquille ombiliquée.*

7. { Coq. moyenne, glob.-déprimée, grisâtre, rubannée ou non; 5-6 tours; haut., 12 mm..................... H. VARIABILIS.

Coq. très petite; hauteur, 2 mm.................. 8.

8. { Globuleuse-conique, brunâtre; 4 tours; péristome simple.... .... H. RUPESTRIS.

Trochiforme, fauve; 4-5 tours; une rangée d'aiguillons crochus sur chacun........................... H. ACULEATA.

II. Coquille conique.

9. { Coq. turriculée, très allongée, perforée; 6-9 tours; péristome simple........ .... H. ACUTA.

III. Coquille subdéprimée.

10. { Coq. perforée.............................. 11.

Coq. ombiliquée............................ 12-14.

B. *Coquille perforée.*

11. { Coq. aplatie en dessus, d'un blanc corné, ornée d'une bande blanche; 14 mm., diam .... H. CARTHUSIANA.

Coq. à peine aplatie en dessus, blanchâtre, unicolore; 9 mm., diam................................ H. RUFILABRIS.

C. *Coquille ombiliquée.*

12. { Presque discoïde, blanchâtre, rubannée; 6 tours; ombilic très évasé.......................... H. ERICETORUM.

Non discoïde; ombilic resserré............... 13.

13. { Stries fortes; dernier tour subcaréné; coq. grisâtre, rubannée; diam., 10 mm.............................. H. STRIATA.

Stries légères: périst. quelquefois garni de dents; blanche, rubannée; diam., 7 mm................... H. CANDIDULA.

14. { Brune, hérissée de poils roides; diam., 7 mm..... H. HISPIDA.

Fauve-jaunâtre, hérissée de poils mous, allongés; diam., 13 mm................................... H. VILLOSA.

IV. Coquille aplatie, ombiliquée.

A. *Péristome simple.*

15. { Coq. carénée, discoïde; stries fortes; brune avec taches plus foncées; diam., 6 mm.................... H. ROTUNDATA.

Non carénée, très petite; stries légères; subpellucide, roussâtre; diam., 1 mm............................ H. PYGMÆA.

B. *Péristome réfléchi.*

16. { Coq. non discoïde; ouverture ovale ou arrondie.. 17.

Discoïde, hispide, veloutée; 6 tours arrondis; ouverture trigone......................... H. OBVOLUTA.

17. { Non carénée; tr. petite, blanche; péristome évasé en trompe de chasse; diam., 2 mm...................... H. PULCHELLA.
{ Carénée........................... 18.

18. { Fortement carénée, très déprimée, d'un brun mat, carène tranchante, périst. blanc...................... H. LAPICIDA.
{ A peine carénée; couleur de corne; 5 tours, bande brune sur le dernier; périst. roux...................... H. CORNEA.

Groupe *PATULA*. Held, 1837.

Coquille ombiliquée, généralement déprimée ou carénée; péristome aigu. Mâchoire lisse ou faiblement striée, avec une projection médiane plus ou moins marquée. Type oxygnathe.

SECTION DISCUS, Fitzinger.

1. HELIX ROTUNDATA Müller, 1774.

    — *rotundata*. Draparnaud, 1805.

Vulgairement, le bouton, Geoffroy.

Coquille petite, aplatie, discoïde, un peu convexe en dessus, un peu carénée, fortement striée, mate, brunâtre avec des taches plus foncées; 6 *tours de spire apparents dans l'ombilic*, qui est profond et très évasé; ouverture semi-ovale, arrondie, péristome simple, épaissi.

Hauteur, 2-4 mm. — Diamètre, 5-8 mm.

Habitat. — Toute la France. Commun dans la Sarthe : Le Mans, Yvré-l'Évêque, Montfort, Mamers, etc. Vit dans les lieux frais, au pied des murs, sous les pierres, parmi la mousse; dans les bois, les jardins, sur le bord des rivières.

SECTION PYRAMIDULA. Fitzinger.

2. H. RUPESTRIS Draparnaud, 1801.

Coquille très petite globuleuse conique, mince, transparente, finement striée, brunâtre, 4 tours de spire très convexes, à suture profonde et à sommet obtus; ouverture circulaire, à bords très rapprochés près de l'insertion; péristome simple, blanchâtre, un peu évasé du côté de l'ombilic, dont l'ouverture est médiocre.

Hauteur, 1 mm. 1/2-2 mm. — Diamètre, 3 mm.

Variété B. *Subdepressa*. Goupil, 1835.

—   *Saxatilis*. Moquin-Tandon, 1835.

Coquille un peu déprimée et dont l'ombilic est beaucoup plus ouvert que dans le type.

Habitat. — Toute la France. Rare dans la Sarthe, où il a été signalé dans les anfractuosités des rochers, à Sablé (Goupil); rochers de Juigné (abbé Davoust); La Flèche (Huard). Vit sur les rochers, dans les fissures, dans les carrières abandonnées. L'animal est vivipare.

SECTION ACANTHINULA. Beck.

3. H. ACULEATA Müller, 1774.

Coquille très petite globuleuse conique, trochiforme, presque aussi large que haute, de coloration fauve ou brune, légèrement striée, mince, demi-transparente, très étroitement ombiliquée; 4-5 tours de spire très convexes, arrondis, garnis de petites lames saillantes, surmontées vers leur milieu d'une épine à large base, légèrement courbée en arrière et très fragile; suture profonde, fortement accusée; sommet obtus, mamelonné, dénué de lamelles, souvent un peu grisâtre ou blanchâtre; ouverture arrondie, circulaire; péristome muni d'un léger bourrelet rougeâtre intérieur, un peu évasé du côté de l'ombilic, qui est souvent recouvert en partie.

Hauteur, 2 mm. — Diamètre, 1 mm. 3/4.

Habitat. — Toute la France. Goupil ne s'est pas prononcé sur le degré d'abondance ou de rareté de cette espèce dans la Sarthe. Millet l'indique comme très rare en Anjou. De Liesville n'en fait pas mention aux environs d'Alençon. Je serais porté à la croire moins rare dans notre région qu'on le croit généralement. D'un côté, son extrême petitesse, sa couleur et sa forme la font ressembler, comme l'a fait remarquer Rossmassler, à la graine d'un grateron (*Galium aparine*, Linné) et empêchent de l'apercevoir; de l'autre, le petit nombre de naturalistes ou de collecteurs de notre département, se livrant à des recherches minutieuses, contribue à entretenir cette vieille réputation de rareté.

Signalée à Avessé, château de Martigné; taillis des Noes de Paiche; Le Mans, chemin des Vignes, près les Arènes (Goupil); Vallon (Anjubault); Le Mans, route d'Yvré-l'Évêque; Sargé, les Fontenelles; Allonnes (Huard).

Cette espèce vit de préférence dans les lieux humides et ombragés, dans les bois, sous les feuilles tombées, sous les pierres, dans la mousse qui couvre le tronc des arbres et sous leur écorce; se rencontre quelquefois dans les endroits secs, contre les arbres, mais à l'ombre. L'animal est vif, éveillé, mais très craintif et rentre dans sa coquille au moindre attouchement. En rampant sur la mousse ou sur le bois mort, il balance sa coquille à droite et à gauche, comme pour écarter les obstacles et il la porte élevée de façon qu'on ne voit guère que ses tentacules supérieurs, qui sont fort allongés. Par instants, il l'élève tellement au-dessus de lui, qu'on la croirait séparée du corps (Drouet).

Groupe *PUNCTUM*. Morse, 1864.

Diffère du groupe Patula seulement par la mâchoire de l'animal, qui est formée de lamelles imbriquées. Type stégognathe.

Punctum *sensu stricto*.

4. H. PYGMÆA Draparnaud, 1801.

Coquille excessivement petite, déprimée, aplatie, un peu convexe en dessus, subpellucide, transparente, très légèrement striée, de couleur grisâtre, cornée ou d'un roux fauve; 4 tours de spire, à suture profonde; ouverture semi-lunaire arrondie; péristome simple, tranchant, ombilic évasé.

Hauteur, 1/2 mm. — Diamètre, 1 mm.

Habitat. — Presque toute la France; c'est la plus petite de nos hélices; son exiguïté est telle qu'elle échappe à la vue et fait qu'on la rencontre rarement, aussi est-on peu fixé sur son degré d'abondance ou de rareté. Signalée dans la Sarthe: au Mans, l'Épau; à Coulaines, Riolas, à Saint-Aubin (Anjubault). Vit dans les lieux frais, parmi la mousse, sous les feuilles tombées; dans les marais, dans les bois, sous les haies, le long des ruisseaux.

Groupe *ANCHISTOMA*. H. et A. Adams, 1855.

Coquille généralement déprimée, de couleur cornée, ouverture contractée ou plissée; bord droit réfléchi. Mâchoire portant des côtes très marquées. Type odontognathe.

SECTION TRIGONOSTOMA. Fitzinger.

5. H. OBVOLUTA Müller, 1774.

Coquille aplatie, discoïde, planorbique en dessus, légèrement striée, veloutée, de coloration brune, hispide, hérissée de poils caducs; ouverture trigone; 6 tours de spire arrondis, la spire étant plus concave que saillante; péristome sinueux, réfléchi, rougeâtre ou blanchâtre; ombilic ouvert, très profond.

Hauteur, 5-7 mm. — Diamètre, 10-15 mm.

Habitat. — Toute la France, mais plus abondant dans la région montagneuse du Nord-Est. Très rare dans la Sarthe, où il a été signalé à Saint-Léonard-des-Bois (Anjubault); à Fresnay (Huard); dans la forêt de Perseigne (Morin). Vit dans les lieux montueux et ombragés, sous les pierres, sous la mousse des gazons.

Groupe *HELICELLA*. Férussac, 1819.

Coquille généralement ombiliquée; péristome simple ou bordé intérieurement, rarement denté. Mâchoire odontognathe, dont la surface porte des côtes très marquées, ou aulacognathe, dont la surface est finement sillonnée, à bords non crénelés.

SECTION XEROPHILA. Held.

6. H. ERICETORUM Müller, 1774.

Vulgairement, le grand ruban. Geoffroy.

Coquille subdéprimée, quasi discoïde, légèrement striée,

quelquefois roussâtre sur le dernier tour, mais ordinairement blanchâtre partout; le plus souvent ornée de bandes brunes dont les inférieures peuvent être interrompues ou même effacées, la supérieure, plus large, se continue extérieurement sur les tours de la spire, au nombre de 5 à 6; ouverture ovale à bords inférieurs très rapprochés; péristome garni à l'intérieur d'un bourrelet un peu coloré; ombilic très évasé.

Hauteur, 7-11 mm. — Diamètre, 12-20 mm.

Habitat. — Toute la France. Commun dans la Sarthe où il a été signalé à Avessé, Vallon, Soulitré, Écommoy (Goupil); Chérancé, Coulombiers, Yvré-l'Évêque, Montfort, etc. (Morin). Vit dans les lieux secs et arides des terrains calcaires, le long des chemins, sur les bords des champs, ainsi que parmi le gazon. Grimpe sur les plantes et se suspend à leurs tiges.

7. H. VARIABILIS Draparnaud, 1801.
— *lineata*, Olivi.

Coquille globuleuse, déprimée, très variable pour la taille et la disposition des bandes; quelquefois unicolore d'un blanc grisâtre; striée, un peu transparente; 5-6 tours de spire, dont le premier est lisse et brun au sommet et dont le dernier, plus grand en proportion des autres est assez souvent orné de plusieurs bandes brunes ou fauves plus ou moins apparentes qui se plongent dans l'intérieur de la coquille, à l'exception de la supérieure qui se continue sur les autres tours. Ouverture arrondie assez grande. Péristome brun ou rougeâtre en dedans et garni d'un bourrelet de même couleur ou plus pâle. Ombilic peu évasé.

Hauteur, 9-18 mm. — Diamètre, 10-22 mm.

Habitat. — Toute la France maritime, mais s'avance fort loin dans les terres. Sa taille augmente à mesure qu'il s'éloigne du littoral et sa coloration diminue. D'après Goupil, il a autrefois été recueilli par Leufroy dans notre département. Signalé avec certitude et rapporté de La Flèche et de Bazouges par M. Huard, naturaliste. Le peu d'échantillons que je possède de ces deux localités sont de coloration gris-blanchâtre avec de petites fascies, très peu apparentes, seulement sur le dernier tour, qui est subcaréné. Vit dans les terrains calcaires, sur les gazons, le long des chemins, sur les tiges des plantes, les parois des rochers, à l'ombre ou au soleil. Paraît rare dans notre région.

Section CANDIDULA. Kobelt.
8. H. STRIATA Draparnaud, 1801.
— *fasciolata*. Poiret, 1801.

Coquille subdéprimée, convexe, très variable dans sa colotion, grise, brune, rousse, avec ou sans facies; 5 tours de spire, dont le dernier légèrement caréné est souvent orné de bandes brunes étroites ordinairement entrecoupées; ouverture semi-lunaire arrondie; coquille épaisse, toujours fortement striée, à péristome un peu évasé, garni d'un bourrelet blanc. Ombilic resserré.

Hauteur, 4-5 mm. — Diamètre, 6-12 mm.

Habitat. — Toute la France. Commun dans la Sarthe : Le Mans, Yvré-l'Évêque, Pont-de-Gennes, etc. Vit de préférence dans les lieux secs et arides des terrains calcaires, sur les plantes sèches et dans le gazon, mais se rencontre dans les jardins, les vergers, les vignes et même dans les prairies. Les échantillons de grande taille se rapportent à l'*H. caperata* Montagu, qui correspond à la variété *maxima variegata*, Millet.

9. H. CANDIDULA Studer, 1820.
— *unifasciata*. Poiret, 1801.
— *striata*, var. Draparnaud, 1805.
Vulgairement, le petit ruban. Geoffroy.

Coquille subdéprimée, légèrement striée, ombiliquée, plus bombée que la précédente et le plus souvent de moindre taille; blanche avec ou sans fascies; marquée ordinairement de trois à six lignes brunes, dont les inférieures très petites se prolongent dans la coquille, la supérieure plus large, se continue extérieurement sur tous les tours de spire, au nom-

bre de 4 1/2; sommet toujours brun; ouverture semi-lunaire;
péristome garni d'un bourrelet blanc et quelquefois de deux
dents rudimentaires. Ombilic resserré.

Hauteur, 5-7 mm. — Diamètre, 6-9 mm.

Variété B. *Tota alba* Goupil, 1835.

Habitat. — Une grande partie de la France; les plus
beaux types vivent dans le Nord-Est. Plus rare dans la Sarthe que le précédent. Signalé avec sa variété à Fresnay,
Yvré-l'Évêque et Le Mans-Pontlieue (Morin). Vit dans les
lieux secs et arides des terrains calcaires, sur les coteaux,
parmi le gazon ou sur les plantes.

SECTION COCHLICELLA (Férussac, emend.) Risso.

10. H. ACUTA Müller, 1774.
— *Bulimus acutus.* Bruguière, 1789.

Coquille conique, turriculée, très allongée, perforée;
6-9 tours de spire convexes; dernier tour anguleux, moins
long que les autres réunis. Coloration variable : grise uniforme ou ornée de flammes longitudinales irrégulières, d'un
blanc opaque avec d'autres brunes roussâtres et transparentes; quelquefois élégamment pointillée de noir; dernier tour
souvent marqué d'une ou de deux bandes brunes, visibles intérieurement. Ouverture ovale arrondie; péristome droit,
simple, tranchant,

Hauteur, 12-15 mm. — Diamètre, 5-7 mm.

Habitat. — La France maritime. Très rare dans la Sarthe, où il n'a été signalé que dans une localité, entre Saint-
Hubert et Ardenay, dans le voisinage de l'étang de Loudon.
Découvert en cet endroit pendant l'été de 1871, par
M. Huard, naturaliste au Mans, il a été plusieurs fois recueilli
aux mêmes lieux depuis cette époque, et paraît s'être colonisé
dans notre région. On croit généralement qu'il a été transporté d'une station maritime par un mode de propagation
inconnu; peut-être, comme le pense M. Huard, par des voi-
tures de fourrages militaires servant à approvisionner les divers corps d'artillerie et de cavalerie qui s'étaient établis sur

ces vastes terrains pendant la guerre de 1870. Les spécimens
l'apportés d'Ardenay ont des dimensions inférieures à ceux
du littoral : Hauteur, 12-13 mm. — Diamètre, 4 mm. Ils
appartiennent pour la plupart aux variétés *unifasciata* et
inflata Moquin-Tandon. Cette espèce vit dans les lieux secs
et à découvert, sur le gazon, sur les tiges des herbes sèches,
où elle parait former quelquefois en s'accumulant, comme de
petites grappes qui s'élèvent jusqu'au sommet de la plante.

Section Vallonia. Risso.

11. H. PULCHELLA Draparnaud, 1801.

Très petite coquille aplatie, à péristome réfléchi, épais,
évasé en forme de trompe; 4 tours de spire arrondis. Ombilic très ouvert.

Variété 1. *H. costata* Müller, 1774. Coquille de couleur
grise, pourvue de côtes longitudinales saillantes; péristome
tranchant.

Variété 2. *H. pulchella* Müller, 1774. Coquille blanche
lisse, dépourvue de côtes saillantes; péristome arrondi.

Hauteur, 1 mm.-1 mm. 1/2. Diamètre, 2-3 mm.

Habitat. — Toute la France. Commun dans la Sarthe :
Le Mans, l'Épau, Yvré-l'Évêque, Changé, Connerré, etc.
Vit dans les lieux secs ou humides, sous les pierres et parmi
la mousse. On trouve assez souvent des coquilles mortes en
bêchant les jardins à sous-sol calcaire. Les deux variétés se
rencontrent souvent dans les mêmes lieux.

Section Monacha, Hartmann.

12. H. LIMBATA Draparnaud, 1805.

Coquille globuleuse subcarénée, perforée, translucide, légèrement striée, fauve, d'un corné clair ou gris blanchâtre;
6-7 tours de spire, dont le dernier, un peu caréné, est orné
d'une bande blanche située sur la carène; ouverture semi-
ovale, oblique; péristome évasé, un peu réfléchi sur le trou
ombilical et garni intérieurement d'un bourrelet blanc, rarement coloré. Ombilic étroit.

Hauteur, 7-12 mm. — Diamètre, 10-15 mm.

Habitat. — La France centrale et méridionale, surtout dans la région du Sud-Ouest ; Guyenne, Béarn, etc. Espèce rare dans la Sarthe, où elle a été signalée au Mans, buttes Agaignard ; Allonnes, bois de la Foresterie (Goupil) ; bois de Neuville, Fondus d'Allonnes et Charnier à Coquelin ; Fercé, route du Mans, en arrivant au bourg, sur le sommet de la butte qui se trouve sur la droite (Huard). Paraît préférer, dans la Sarthe, les collines boisées et s'y rencontre le plus souvent sur les feuilles des coudriers et des ronces.

Section Carthusiana. Kobelt.

13. H. CARTHUSIANA Müller, 1773.
— *carthusianella.* Draparnaud, 1801.

Vulgairement, la chartreuse, Geoffroy.

Animal blanchâtre, pourvu de taches noires et jaunes sur le manteau et pouvant s'apercevoir à travers la coquille ; tunique marquée d'une bande blanche. Coquille subdéprimée, perforée, aplatie en dessus, convexe en dessous, de coloration cornée ou d'un blanc laiteux, translucide, légèrement striée ; 5 1/2 à 6 tours de spire, le dernier à peine caréné et muni d'une bande blanche ; ouverture semi-ovale, oblique ; périsstome brun, garni intérieurement d'un bourrelet blanc, paraissant à l'extérieur comme une bande lactée ; trou ombilical peu ouvert.

Hauteur, 7-9 mm. — Diamètre, 11-18 mm.

Habitat. — Toute la France. Commun dans la Sarthe. Vit dans les champs, les jardins, sur les plantes, les arbustes, même à l'exposition du soleil.

14. H. RUFILABRIS Jeffreys, 1830.
— *carthusianella,* var. B., Draparnaud, 1805.
— *Olivieri.* Michaud, compl., 1831.

Animal noir ou noirâtre, marbré de taches blanches ou jaunes sur le manteau. Coquille plus petite que la précédente, moins aplatie en dessus, unicolore, rarement ornée d'une ou de plusieurs bandes blanchâtres.

Hauteur, 6-8 mm. — Diamètre, 8-10 mm.

Habitat. — Une grande partie de la France, mais surtout les régions maritimes. Variété mise au rang des espèces de la Sarthe d'après le témoignage de Liesville (*Moll. des env. d'Alençon*, 1856), qui l'indique comme très rare et la signale à Champfleur, canton de Saint-Paterne où elle a été recueillie dans les lieux humides, au bord des fossés. Vit aussi dans les lieux secs et arides, sur les plantes, ainsi qu'au pied des murs. Considérée par un grand nombre d'auteurs comme une variété de l'espèce précédente, à laquelle elle ressemble beaucoup.

SECTION TRICHIA. Hartmann.

15. H. HISPIDA Linné, 1758.

Vulgairement, la veloutée, Geoffroy.

Coquille subdéprimée, ombiliquée, très finement striée, transparente, de coloration brune ou cornée, hérissée de poils roides et recourbés, blanchâtres, facilement caducs; 5-5 1/2 tours de spire; ouverture semi-lunaire; péristome simple, quelquefois garni intérieurement d'un léger bourrelet. Ombilic ouvert.

Hauteur, 4-7 mm. — Diamètre, 5-10 mm.

Habitat. — Toute la France. Commun dans la Sarthe. Trouvé en quantité sur les rives des fausses rivières, à l'Épau, ainsi que sur les bords de l'Huisne, à Yvré-l'Évêque, Montfort, etc. (Morin). Vit dans les lieux frais et ombragés, de préférence; au bord des cours d'eau, au pied des murs, sous les pierres, sous les plantes touffues et particulièrement au pied des violettes.

17. H. VILLOSA Studer, 1789 (*sine descript.*).
— *villosa.* Draparnaud, 1805.

Coquille subdéprimée, ombiliquée, mince, fragile, de coloration rousse ou d'un fauve jaunàtre, hérissée de poils mous, allongés, entremêlés, moins caducs que dans l'espèce précédente; 6-6 1/2 tours de spire dont le dernier est subcaréné. Ombilic très profond et largement ouvert.

Hauteur, 6-7 mm. — Diamètre moyen, 13 mm.

Habitat. — La région montagneuse du Nord-Est de la France : les Vosges, le Jura, l'Isère, etc. Aucune faune locale de la région de l'Ouest ne fait, du moins à ma connaissance, mention de cette espèce, si ce n'est celle de la Vienne, où des spécimens ont été collectés par le naturaliste Mauduyt. Recueilli en 1881 près du Mans, par M. Huard, dans les Fondus d'Allonnes. Vit au pied des rochers, des arbres et arbustes, dans les lieux frais et ombragés. Tout à fait rare dans nos limites.

Groupe *COCHLEA*. H. et A. Adams, 1855.

Coquille plus ou moins globuleuse, solide, colorée, ornée de bandes; péristome épaissi ou réfléchi; ouverture rarement dentée. Mâchoire odontognathe.

Section Cryptomphalus. Moquin-Tandon.

17. H. ASPERSA Müller, 1774.

Vulgairement, le jardinier, Geoffroy.

Coquille grande, globuleuse conique, imperforée, chagrinée, ordinairement ornée de larges bandes chinées ou flambées dont la disposition et la coloration sont très variables; 4-5 tours de spire, le dernier très ample; sommet obtus; ouverture semi-ovale; péristome blanc très évasé et réfléchi sur le trou ombilical qu'il recouvre; épiphragme blanc-brunâtre. Edule.

Hauteur, 25-40 mm. — Diamètre, 20-45 mm.

Variété B. *Sinistrorsa* Goupil, 1835.

Var. C. *Scalaris.*

Habitat. — Toute la France, mais plus rare dans l'Est. Très commun dans la Sarthe où il fait beaucoup de tort surtout dans les jardins. La variété *Sinistrorsa* qu'on rencontre aux environs de la Rochelle, est tout à fait rare dans notre département; elle a été collectée par M. Huard au vieux pont de pierre d'Yvré-l'Évêque. La variété *Scalaris* m'a été apportée de Saint-Corneille dans l'été de 1889 ; le spécimen vivant, à l'état jeune, a été mis en liberté dans le jardin de l'école de Montfort-le-Rotrou, pour lui faire compléter sa bouche ; j'ai eu le regret de le perdre. Les variétés de couleur : *grisea*, *zonata*, *flammea* sont communes. Vit dans les jardins et les vergers, le long des murs, dans les haies, sur les arbustes, dans les trous de muraille, etc.

SECTION ARIONTA. Leach.

18. H. ARBUSTORUM Linné, 1758.

Coquille globuleuse, luisante solide, quelquefois demi-transparente, bombée inférieurement, à peine perforée par une fente ombilicale très étroite, presque recouverte par la callosité du bord columellaire ; 5-6 tours de spire convexes finement striés ; sommet obtus. Péristome réfléchi, épaissi, d'un blanc de lait intérieurement. Toute la surface de la coquille est roussâtre et d'un brun fauve avec des linéoles ou taches d'un jaune paille. Une bande brune orne les derniers tours de spire, en commençant au bas du quatrième et finit en s'altérant au centre du dernier tour. Intérieur de la coquille brunâtre, avec la bande bien visible. Coquille variable dans sa forme et la disposition générale de ses couleurs.

Hauteur, 10-25 mm. — Diamètre, 15-25 mm.

Habitat. — Particulièrement le Nord, l'Est et le centre de la France ; paraît préférer les stations montagneuses. Trouvé par M. Huard, naturaliste, auquel la malacologie sarthoise doit ses plus intéressantes découvertes, le long d'un mur de jardin du bourg de Bazouges, près la Flèche, au printemps de l'année 1881. C'est le seul point signalé, jusqu'à ce jour, dans la Sarthe. Les catalogues des départements voisins ne mentionnent pas cette espèce, à l'exception de celui de Maine-et-Loire où Millet cite une seule localité. Vit dans les lieux obscurs, les haies et les buissons ; se rencontre aussi sur le gazon et le long des vieux murs où elle adhère assez fortement à la surface des pierres.

Section Campylæa. Beck.

19. H. CORNEA Draparnaud, 1805.

Coquille aplatie, planospire, un peu plus convexe en dessous qu'en dessus, à peine carénée, transparente; ouverture ovale oblongue; ombilic médiocrement évasé; 5 tours de spire; péristome blanc-roussâtre, réfléchi, presque continu. Couleur de corne avec une bande d'un brun-rougeâtre, décurrente sur le dernier tour, et, vers le bord, l'origine de deux autres bandes faiblement marquées.

Hauteur, 6-8 mm. — Diamètre, 12-16 mm.

Habitat. — Des Pyrénées à la Loire. Ne remonte guère au-delà du 47° parallèle. Signalé dans la Sarthe, à Luché et à Saint-Jean-de-la-Motte (Huard). Très rare. Cette espèce, qui se rencontre chez nous, à la limite extrême de son habitat, est une précieuse acquisition pour notre faune malacologique. Vit dans les lieux frais et ombragés, sous les pierres, parmi les herbes; dans les bois des coteaux, à travers les rocailles, dans les fissures des rochers.

Section Chilotrema. Leach.

20. H. LAPICIDA Linné, 1758.
Vulgairement, la lampe, Geoffroy.

Coquille aplatie, très déprimée, fortement carénée, ombiliquée, striée, légèrement chagrinée; coloration d'un brun mat, quelquefois avec des taches plus foncées; 5 1/2 tours de spire, l'inférieur plus grand avec une carène tranchante; ouverture ovale; péristome évasé, continu, blanchâtre, à bords réfléchis, ombilic ouvert.

Hauteur. 6-9 mm. — Diamètre, 12-20 mm.

Habitat. — Toute la France; abondant dans les montagnes. Rare dans la Sarthe où il paraît être localisé dans la chaîne des Coëvrons, de Sablé à Alençon. Signalé à Fresnay, la forge de Chemiré-en-Charnie; la Chartreuse du Parc, à Saint-Denis-d'Orques (Goupil); Fresnay; Sillé-le-Guillaume, murs du vieux château (Huard et Trochet). Vit dans les lieux élevés, secs, rocailleux, les fentes des rochers, les fissures des vieux murs, surtout dans ceux qui sont tapissés de lierre.

Section Tachea. Leach.

21. H. NEMORALIS Linné, 1758.

Vulgairement, la livrée, Geoffroy.

Coquille globuleuse, imperforée, solide, non chagrinée, légèrement striée, le plus souvent à fond jaune, quelquefois rose, rougeâtre, violacé, châtain clair, plus rarement brun ou noirâtre; unicolore ou ornée d'une à cinq bandes; 5 tours de spire à sommet obtus; ouverture semi-lunaire plus haute que large; péristome évasé, garni d'un bourrelet brun ou pourpre noirâtre, s'étendant sur l'ombilic et intérieurement sur la gorge de la coquille, qui est souvent moins foncée en couleur. Épiphragme blanc pellucide.

Un grand nombre de variétés d'après la disposition ou la soudure des bandes, sur sept à huit fonds de couleur.

Hauteur, 12-25 mm. — Diamètre, 18-30 mm.

Habitat. — La France entière; plus rare dans le Midi. Très commun dans la Sarthe, avec un grand nombre de variétés. Vit dans les champs, les bois, sur les haies, dans les buissons, ou appliqué contre les murs. Édule.

22. H. HORTENSIS Müller, 1774.

Espèce très voisine de la précédente. Coquille globuleuse imperforée, dure, non chagrinée, luisante, très finement striée, ordinairement à fond jaune, corné, rougeâtre ou blanchâtre, rarement brune; souvent ornée d'une à cinq bandes brunes; 4 1/2-5 tours de spire, sommet obtus, ouverture semi-lunaire; péristome blanc généralement, quelquefois rosé ou même roussâtre, légèrement réfléchi.

A peu près les mêmes variétés que dans l'espèce précédente sur cinq à six fonds de couleur.

Hauteur, 12-25 mm. — Diamètre, 15-30 mm.

Nota. — N'est peut-être qu'une variété de l'*H. nemoralis*, comme l'ont prétendu Deshayes et Michaud; mais sa forme

paraît plus sphérique et sa taille est généralement plus petite. Au premier coup d'œil on distingue ces deux espèces
par la couleur de leur péristome.

Habitat. — La France entière; moins commun dans le
Midi. Très rare au Mans et aux environs : Montfort, Yvré-
l'Évêque, Sargé, etc. Plus commun à Fresnay. De Liesville
le cite comme très commun aux environs d'Alençon. Vit dans
les bois, les collines, les jardins, dans les haies, sur les arbustes. Édule.

Section Pomatia. Gray.

23. H. POMATIA Linné, 1758.

Vulgairement, le vigneron, Geoffroy

Coquille très grande, globuleuse-ovale, perforée, solide,
très ventrue, roussâtre, marquée de stries transversales irrégulières; 4-5 tours de spire, dont le dernier, très ample, est
orné de larges bandes, souvent presque effacées, d'un brun
pâle, séparées par des bandes blanchâtres; sommet obtus;
ouverture grande, demi-ovale; péristome évasé, un peu réfléchi sur le trou ombilical et d'un fauve blanchâtre extérieurement avec l'intérieur d'un brun violacé. Épiphragme calcaire blanc, solide.

Hauteur, 45-50 mm. — Diamètre, 35-50 mm.

Var. B. *Sinistrorsa*, Goupil, 1835. — *H. pomaria*, Müller.

Var. C. *Scalaris*, Goupil, 1835. — *H. scalaris*, Müller.

Habitat. — Le Nord, l'Est et le centre de la France. Assez commun dans la Sarthe : Le Mans, Yvré-l'Évêque, Montfort, Beaumont, Chérancé, etc. Goupil ne cite aucune localité pour les deux variétés, qui doivent être tout à fait rares
et n'ont pas été retrouvées, du moins, à ma connaissance, depuis 1835. De Liesville indique cette espèce comme très
abondante dans le parc du château de Saint-Paterne, et dit
qu'on la recherche dans le pays pour les maladies de poitrine.

Vit le plus ordinairement dans les terrains calcaires, dans
les vignes, les haies, les prés et les vergers. Édule.

Mœurs des hélices. — Ces animaux, herbivores et frugi-
vores tout à la fois, font de grands dégâts dans les jardins et
l'on est obligé de leur donner la chasse matin et soir. Ils
voyagent surtout pendant la nuit et quand l'atmosphère est
humide, restant à l'abri dans le milieu du jour. Ils ne sortent en général que pour aller à la recherche de leur nourriture ou à la rencontre d'un individu de leur espèce afin de se
livrer à l'accouplement. Au commencement du printemps et
pendant l'été, les hélices pondent des œufs ordinairement
blanchâtres, arrondis et recouverts d'une enveloppe calcaire
ou membraneuse. Ils sont déposés tantôt sur les feuilles, tantôt au pied des végétaux, le plus souvent en terre, où l'animal creuse un trou peu profond, qu'il remplit de terre après
la ponte terminée et qu'il abandonne ensuite. Environ un
mois après a lieu l'éclosion; les jeunes sortent avec leur coquille très fragile, sur laquelle se dessine un rudiment de
spire; l'accroissement est assez rapide, ils atteignent généralement leur taille définitive un an après leur naissance. Dans
nos climats, pendant l'hiver, les hélices rentrent dans leurs
retraites ou s'enfoncent profondément en terre et y demeurent
dans un état complet d'engourdissement, protégées le plus
habituellement contre les agents extérieurs par une cloison
mince et membraneuse qui ferme, comme un opercule, l'ouverture de leur coquille, et à laquelle on a donné le nom d'épiphragme.

On croit qu'en liberté beaucoup de ces mollusques meurent
la seconde année, pendant la période d'hibernation; mais en
captivité elles se font remarquer par la ténacité de leur vie.
On cite l'exemple d'un échantillon de l'*Helix desertorum*
Forskall, apporté d'Égypte au British Museum de Londres,
fixé sur une tablette le 25 mars 1846 et qui y demeura vivant, sans nourriture, jusqu'au 7 mars 1850. On s'était
aperçu que l'animal avait dû sortir de sa coquille et on eut
l'idée de le plonger dans l'eau tiède, le mollusque se déve-
loppa et l'on put ainsi faire un dessin de l'animal vivant. Un

autre, du même genre, *Helix Veatchi*, de la Basse-Californie, a passé, d'après Stearns, six années sans prendre aucune nourriture.

Famille IV. — PUPIDÆ.

Mâchoire lisse ou finement sillonnée, bords non crénelés. Radule d'Helix; dent centrale semblable aux dents latérales, tricuspidée; dents marginales transverses, denticulées, très courtes.

Coquille étroite, à tours nombreux, allongée, conique, cylindrique ou fusiforme. Ouverture assez étroite, très souvent garnie de dents ou de lamelles internes.

1. { Ouverture non dentée ni plissée; coquille ovale-conique... BULIMINUS.
{ Ouverture resserrée par des dents.................. 2.

2. { Coq. cylindroïde, 6-7 tours; légèrement dentée.......... PUPA.
{ Coq. ovale très petite; 4-5 tours; dents nombreuses... VERTIGO.

3. { Coquille senestre, turriculée, sans *clausilium;* ouverture simple.................... .... BALEA.
{ Coquille senestre fusiforme, pourvue de *clausilium;* ouverture plissée .... CLAUSILIA.

G. 1. BULIMINUS. Ehrenberg, 1831.

Étym. diminutif de *Bulimus,* genre de mollusques.

Démembré du grand genre *Bulimus,* dont il diffère surtout par sa mâchoire (aulacognathe), ce genre a été établi pour des formes de l'ancien continent, dont l'animal est pourvu d'une mâchoire arquée, portant de fines stries longitudinales, parallèles. Radule d'Helix.

Coquille perforée dont l'ouverture longitudinale n'atteint pas la moitié de la longueur totale; péristome bordé; columelle simple, étroite, sans troncature.

Buliminus *sensu stricto.*

SECTION NAPÆUS. Albers, 1850.

6-7 tours de spire assez convexes; péristome évasé, réfléchi, labié intérieurement.

1. B. OBSCURUS, Müller, 1774 Helix).
— *hordeaceus*, Bruguière, 1789.
— *obscurus*, Draparnaud, 1801-1805.

Vulgairement, le grain d'orge, Geoffroy.

Animal brunâtre, pâle en dessous, tentacules roussâtres, yeux noirs.

Coquille ovale-oblongue, un peu ventrue, une fois plus haute que large, brunâtre, à peine striée, le plus souvent salie d'un limon tenace, ouverture demi-ovale; péristome garni intérieurement d'un bourrelet tuberculeux blanchâtre; fente ombilicale peu marquée.

Hauteur, 7-10 mm. — Diamètre, 3-5 mm.

Habitat. — Toute la France. Commun. Vit dans les lieux frais, ombragés, parmi la mousse, sous les pierres, sous l'écorce des vieux arbres, au pied des vieilles murailles. Yvré-l'Évêque, Montfort, Connerré, etc.

G. 2. PUPA. Draparnaud, 1805.

Étym. du latin : poupée, maillot.

Tentacules inférieurs extrêmement petits et peu apparents. Mâchoire aulacognathe, avec une saillie à la partie médiane de son bord libre. Radule à dents marginales très courtes, transverses, denticulées, serriformes.

Coquille cylindroïde, à tours de spire nombreux, allongés, à sommet obtus, munie d'une fente ombilicale, ovalaire ou cylindrique; ouverture parallèle à l'axe, presque aussi large que haute, le plus souvent resserrée intérieurement par des dents et des lamelles; péristome plus ou moins réfléchi et bordé, à bords réunis par une callosité.

Section Pupilla. Beck, 1837.

Coquille ovale subfusiforme, à sommet en cône obtus; ouverture légèrement dentée, péristome épaissi.

Péristome bordé, avec un bourrelet extérieur; 6 tours; ombilic peu ouvert.. P. muscorum.

Péristome réfléchi, sans bourrelet; 7 tours; ombilic très évasé... P. umbilicata.

1. P. MUSCORUM. Linné, 1758 (Turbo), non Draparnaud, 1801.
— *marginata.* Draparnaud, 1801.

Coquille cylindrique, oblongue, obtuse, de couleur terne, jaunâtre ou d'un brun pâle, ouverture semi-lunaire, avec une dent columellaire dans le milieu; péristome bordé, blanchâtre, garni extérieurement d'un bourrelet de même couleur; 6 tours de spire; fente ombilicale peu ouverte. Animal vivipare.

Hauteur, 2 1/4-4 mm. — Diamètre, 1-1 1/2 mm.

Habitat. — Toute la France. Commun. Vit dans les lieux ombragés, secs ou humides, dans les vieux murs, les fentes des rochers; parmi la mousse, sous le gazon, sous les pierres. Signalé au Mans, à Sablé (Goupil); au pied des murs de l'abbaye de l'Épau (Morin); murs du parc de Montfort (Morin).

2. P. UMBILICATA. Draparnaud, 1801.
— *cylindracea,* Moq.-Tand., 1849

Coquille subcylindrique, oblongue, un peu conique, à peine striée, d'un corné brun; ouverture semi-ovale, sans bourrelet extérieur, avec une dent columellaire près du bord latéral; péristome blanc, légèrement réfléchi, aplati; 7 tours de spire, à sommet obtus; ombilic profond et très évasé. Animal vivipare.

Hauteur, 3-5 mm. — Diamètre, 2 mm.

Habitat. — Toute la France. Commun. Vit avec le précédent, dans les vieux murs, les rochers, les haies, sous les pierres, sous l'écorce des vieux arbres; vieux murs du parc de Montfort; l'Épau, le Mans.

G. 3. VERTIGO. Müller, 1774.

Étym. du latin : tour.

Les deux tentacules supérieurs, longs, obconiques, arrondis à leur extrémité, oculifères. Pas de tentacules inférieurs. Mâchoire presque lisse ou marquée de rides longitudinales, subrostrée à sa partie médiane. Dents marginales très faibles, serriformes.

Coquille très petite, dextre ou senestre, ovale ; tours de spire peu nombreux, arrondis, convexes, à peu près égaux ; spire acuminée, à sommet obtus ; ouverture semi-ovale, petite, resserrée par des dents nombreuses ; fente ombilicale profonde ; péristome sinueux, évasé.

1. { Coquille dextre...... .... 2.
   { Coq. sénestre ; 7 dents ; fente ombilicale oblique.... V. PUSILLA.

2. { Coq. dextre, dentelée, ovale................... 3.
   { Coq. dextre, édentule, cylindrique............. V. MINUTISSIMA.

3. { Ouverture à 4 dents ; fente ombilicale très ouverte.. V. PYGMÆA.
   { Ouverture à 7 dents ; fente ombilicale peu ouverte. V. ANTIVERTIGO.

1. **V. PYGMÆA.** Draparnaud, 1801 (Pupa).

Coquille dextre, ovale, cylindrique, à sommet obtus, lisse, luisante d'un brun châtain ; 4 1/2-5 tours de spire ; ouverture presque ronde, garnie de 4 dents, dont une columellaire ; labre, légèrement coudé au milieu ; péristome sinueux, réfléchi ; fente ombilicale très ouverte.

Hauteur, 1 1/2-2 mm. — Diamètre, 1 mm.

Habitat. — Toute la France ; assez rare partout. Signalé dans la Sarthe : au Mans, l'Épau ; Avessé, château de Martigné (Goupil) ; murs de clôture du parc de Montfort (Morin). Vit au pied des murs parmi la mousse, sous les pierres auxquelles il se colle, dans les gerçures des vieux troncs d'arbres, dans les alluvions récentes des rivières, au pied des haies, le long des eaux.

2. **V. ANTIVERTIGO.** Draparnaud, 1801 (Pupa).
— *septemdentata.* Férussac.

Coquille dextre, ovale, cylindracée, à sommet obtus, lisse, luisante, d'un brun fauve pâle ; 5 tours de spire ; ouverture semi-ovale, avec un sinus assez marqué à l'origine du bord droit, garnie intérieurement de 7 dents, dont 3 columellaires et 4 sur le pourtour du labre ; péristome sinueux, légèrement réfléchi ; fente ombilicale oblique, peu ouverte.

Hauteur, 1 1/2-2 mm. — Diamètre, 1 mm.

Habitat. — Toute la France, mais rare partout. Signalé

dans la Sarthe : au Mans, Moulin-à-l'Évêque; à Pontlieue,
Gué-Bernisson; à Avessé, près de la Guyonnière et à Martigné (Goupil). Vit dans les lieux très humides; sous les
pierres, parmi la mousse; sous les herbes et les feuilles à
demi décomposées, ainsi que sur les tiges des joncs et des
graminées baignées par l'eau.

3. **V. PUSILLA** Müller, 1774.
— *vertigo*. Draparnaud, 1801 (Pupa).

Coquille sénestre, ovale, cylindracée, obtuse, légèrement
striée, d'un brun clair; 4-5 tours de spire; ouverture aussi
haute que large, rétrécie vers son bord latéral par un sinus
profond muni d'une dent à l'intérieur; 2 plis dentiformes
sur le milieu de la columelle, un autre ascendant vers le
bord columellaire; 3 dents pour le bord droit, une antérieure
et 2 médianes; péristome brun, sinueux, réfléchi; fente ombilicale oblique, peu ouverte.

Hauteur, 1 1/3 mm. — Diamètre, 3/4 de mm.

Habitat. — Une grande partie de la France; rare partout.
Signalé dans la Sarthe, sur le bord des sources, dans les prairies de la Guyonnière, commune d'Avessé (Goupil). Vit sous
les pierres, dans les lieux humides.

S.-*G.* ISTHMIA. Gray, 1840.

Animal de Vertigo et coquille de Pupa (Fischer, *Manuel
de Conchyl.*, 1887).

Coquille dextre, cylindrique, striée, à sommet obtus; tours
aplatis; ouverture semi-ovale, édentule.

4. **V. MINUTISSIMA** Hartmann, 1821 (Pupa).
— *cylindrica*. Férussac.
— *muscorum*. Draparnaud, 1801

Coquille dextre, cylindrique, régulièrement striée, allongée, à sommet obtus et à tours aplatis, de couleur terne; ouverture semi-ovale, sans dents; péristome droit, presque
tranchant; 6-7 tours de spire.

Hauteur, 1 1/2-2 mm. — Diamètre, 1/2 mm.

Habitat. — Toute la France, mais rare partout. N'a encore été signalé dans la Sarthe, qu'à Asnières, par M. l'abbé Davoust, ancien curé de la localité et amateur distingué de conchyliologie. Rencontré sur deux points différents du département de Maine-et-Loire et signalé par Millet (*Mollusques*, 1854). Trouvé depuis en 1861 dans trois localités de Maine-et-Loire, par des naturalistes angevins. Cette intéressante espèce mérite de faire l'objet de nouvelles recherches, surtout dans la partie Sud de notre département. Vit dans les lieux secs, sous les pierres, sous les feuilles mortes, parmi la mousse et l'herbe des prairies. Se trouve dans les alluvions.

G. 4. BALEA. Prideaux *in* Gray, 1824.

Étym. inconnue, *balius*, erreur typographique, au lieu de *badius*, bai brun?

Animal de *Clausilia*. 4 tentacules; les inférieurs à peine visibles.

Coquille sénestre, mince, spirale, turriculée, non tronquée, clausiliforme, mais dépourvue de *clausilium* et des divers plis de l'ouverture, qui est ovale, simple. Columelle simple, parfois uniplissée.

1. B. **PERVERSA** Linné, 1758 (Turbo).
— *fragilis.* Draparnaud, 1801 (Pupa).

Coquille sénestre, turriculée, conique allongée, assez grêle, transparente, striée finement; d'un brun pâle; 9-10 tours de spire, à sommet obtus; ouverture ovale, à bords sinueux; parfois un très petit pli sur la columelle; péristome simple, blanchâtre; fente ombilicale oblique, peu ouverte.

Hauteur, 7-10 mm. — Diamètre, 2 mm.

Habitat. — Toute la France. Assez rare. Signalé dans la Sarthe : au Mans, route d'Yvré, près Coudoie; Brûlon, Avessé (Goupil); rochers de Fresnay (Morin). Vit dans les fentes des rochers, des vieux murs, sur les troncs des vieux arbres, sous leur écorce et sous les touffes de lichens adhérentes; quelquefois sous les pierres et parmi la mousse.

G. 5. **CLAUSILIA.** Draparnaud, 1805.

Étym. du latin *clausus*, fermé.

Animal héliciforme, à corps grêle, allongé. 4 tentacules ; les inférieurs très courts ; pied étroit, obtus ; orifices respiratoire et génitaux du côté gauche. Mâchoire aulacognathe. Radule d'Helix.

Coquille sénestre, fusiforme, allongée, à tours nombreux, pressés et égalisés. Ouverture petite, ovale, entière, avec un sinus postérieur ; péristome continu, bordé ; fente ombilicale plus ou moins profonde. Columelle oblique garnie de plis ou lamelles spirales et donnant insertion au pédicule d'une plaque mobile, en spatule, qui bouche l'intérieur du dernier tour (*clausilium*).

Cette plaque calcaire mobile fut découverte par le naturaliste Daubenton et appelée : opercule à ressort. Draparnaud l'a nommée l'osselet élastique. Aujourd'hui elle est désignée sous le nom de *clausilium*. C'est une lamelle courbée, spatuliforme, composée d'un pédicule mince, élastique, soudé à l'axe columellaire, et d'une lame en forme de cuiller. Quand l'animal est enfermé dans sa coquille, la lame obture le dernier tour de spire, dont elle a à peu près la forme ; s'il veut sortir, il repousse la lame, qui, grâce à l'élasticité de son pédicule, va se placer entre deux plis de l'axe columellaire, où elle est retenue aussi longtemps que le corps du mollusque est développé. Dès que l'animal est rentré, l'élasticité du pédicule fait revenir la lame à sa position normale.

Le naturaliste Cailliaud, de Nantes, indique un moyen assez facile pour examiner le *clausilium*. « Il faut le mettre au jour avec la pointe d'une petite lime demi-ronde, en faisant une ouverture dans la coquille, au-dessous et à gauche de l'ouverture ; on découvre alors cet osselet mouvant. En faisant tremper la coquille quelques heures dans l'eau, on pourra se rendre compte du fait, avec la pointe d'une aiguille, en faisant jouer le *clausilium*, comme le fait le mollusque ».

Le genre *Clausilia*, qui compte environ 700 espèces, est partagé géographiquement en trois groupes, subdivisés en nombreuses sections d'après la disposition des lamelles et des plis de l'ouverture.

Le groupe européen comprend environ une trentaine de ces sections.

La sinistrosité de la coquille est normale dans ce genre.

1. { Coquille entièrement lisse ou très légèrement striée; fauve .... C. LAMINATA.
{ Coq. striée par parties........................... 2.

2. { Coq. striée sur les deux derniers tours et vers la gorge .... C. PARVULA.
{ Coq. striée sur tous ses tours.................... 3.

3. { Stries bien apparentes; suture couronnée de points blancs .... C. BIDENS.
{ Stries fines, ondulées, rapprochées, comme grenues .. C. DUBIA.

4. { Stries régulières serrées; coq. très ventrue; 3 plis interlamellaires................................. C. ROLPHI.
{ Stries fortes, saillantes; coq. côtelée sur tous ses tours... 5.

5. { Coq. ventrue, brun foncé; haut. 18-20 mm...... C. VENTRICOSA.
{ Coq. non ventrue.................................. 6.

6. { Coq. cylindrico-fusiforme, roux-fauve; haut. 10-16 mm... C. RUGOSA.
{ Coq. allongée-fusiforme, brun-noirâtre; 2-4 plis interlamellaires................................. C. NIGRICANS.

1. C. LAMINATA Montagu, 1803 (Turbo).
— *bidens*. Draparnaud, 1805, *non* Linné.

Coquille fusiforme, un peu ventrue, luisante, entièrement lisse ou très légèrement striée, couleur fauve ou cornée, transparente; 10-11 tours de spire; ouverture ovale, sans bourrelet intérieur; 2 lames sur la columelle; 2 plis moins saillants et plus enfoncés sur le côté opposé; *clausilium* échancré latéralement à son sommet; péristome blanc, réfléchi; fente ombilicale peu sensible.

Hauteur, 12-18 mm. — Diamètre, 4-5 mm.

Habitat. — Toute la France. Rare dans la Sarthe, où il a été signalé au Mans, buttes Agaignard; à Brûlon, rochers de

Pisse-Grêle (Goupil); à Trangé, bois de Marshin, près la Foresterie (Huard). Vit dans les lieux frais et ombragés, les fissures des rochers, sur le tronc des arbres; dans les coteaux, sous les pierres et parmi la mousse.

2. C. BIDENS Linné, 1758 (Turbo) *non* Pennant, *nec* Draparnaud.
— *papillaris*, Draparnaud, 1805.

Coquille fusiforme, un peu transparente, striée longitudinalement, couleur cendrée ou d'un brun très pâle; 10-12 tours de spire, à suture peu profonde, couronnée de petits points ou tubercules blancs; ouverture ovale; péristome blanc, très évasé, détaché; 2 plis blancs sur la columelle et un troisième transversal plus enfoncé.

Hauteur moyenne, 13 mm. — Diamètre, 2 mm. 1/2 3 mm.

Habitat. — La France méridionale; commun sur le littoral méditerranéen. Très rare dans la Sarthe, cette espèce n'a encore été signalée qu'aux environs d'Écommoy (Huard) et recueillie sous l'écorce de vieux pieds d'ormeau. Paraît plutôt arboricole dans notre région, tandis que dans le Midi, elle est de préférence saxicole. C'est une précieuse acquisition pour notre faune malacologique.

3. C. RUGOSA Draparnaud, 1805.
— *perversa*, Müller, 1771 (Helix) *non* Linné, *nec* Férussac.
Vulgairement, la nompareille, Geoffroy.

Coquille fusiforme allongée, grêle, fortement striée, côtelée sur tous ses tours; couleur roux fauve, très souvent brune; 10-13 tours de spire; ouverture ovale; columelle garnie de 2 plis élevés, blanchâtres; un léger bourrelet plus enfoncé vers le bord latéral; péristome détaché de la spire, avancé, blanchâtre, un peu évasé et réfléchi; éminence dorsale et sillon adjacent très prononcés; *clausilium* un peu roulé en oubli; fente ombilicale peu ouverte.

Hauteur, 10-16 mm. — Diamètre, 2-2 mm. 1/2

Habitat. — Plus particulièrement la France méridionale. Commun dans la Sarthe. Vit au pied des vieux murs, sous les

pierres, dans les fentes des rochers ; sous la mousse, au pied
des vieux arbres, ainsi que sur leur tronc.

4. C. NIGRICANS Jeffreys, 1828.

Coquille fusiforme, petite, allongée, fortement striée, côtelée sur tous ses tours ; couleur variable : brun noirâtre,
fauve-noirâtre, très rarement albine ; plis interlamellaires de
l'ouverture au nombre de 2-4.

Ordinairement confondue avec la précédente à laquelle elle
ressemble beaucoup et n'en est peut-être qu'une variété.

Hauteur, 10-16 mm. — Diamètre, 2—2 mm. 1/2

Habitat. — Toute la France, surtout le Nord et le centre.
Signalé dans la Sarthe par de Liesville (*Moll. env. d'Alençon*), qui l'a rencontré très abondamment dans une douve
sèche du château de Saint-Paterne. Vit dans la mousse du
pied des arbres, sur les vieux murs couverts de mousse.

5. C. PARVULA Studer, 1820.
  — *parvula.* Michaud (Compl. Drap. 1831).
  — *rugosa.* Draparnaud, var. *g.*, 1805.

Coquille petite, variable, fusiforme, grêle, presque lisse ;
striée seulement sur les 2 derniers tours et vers la gorge ;
couleur d'un brun un peu pâle, transparente ; 8-9 tours de
spire ; ouverture ovale ; 2 plis blanchâtres sur la columelle ;
un troisième correspond au sillon dorsal, qui est très prononcé ; péristome évasé, blanchâtre ; fente ombilicale ouverte.

Hauteur, 8-10 mm. — Diamètre, 2 mm.

Habitat. — Toute la France, mais principalement le
Nord, l'Est et le Centre. Assez rare dans la Sarthe, où il a
été signalé à Sablé, à Brûlon, au Mans, l'Épau (Goupil). Vit
dans les rochers, sous les pierres, dans les vieux murs, sous
l'écorce et sur le tronc des arbres.

6. C. DUBIA Draparnaud, 1805.

Coquille fusiforme, couverte de stries fines, ondulées, rapprochées, comme grenues ; d'un fauve-brun ou d'un brun
châtain foncé ; 9-10 tours de spire ; ouverture ovale un peu

rétrécie ; 2 plis blanchâtres, très élevés sur la columelle, un pli transversal plus foncé au coté opposé ; péristome blanc, réfléchi ; fente ombilicale visible ; éminence dorsale et sillon voisin bien marqués ; lame supérieure de la gorge oblique et immergée.

Hauteur, 14-17 mm. — Diamètre, 3-4 mm.

Habitat. — La France montagneuse : les Vosges, le Jura, les Alpes. Rare dans la Sarthe, où il a été signalé au Mans, buttes Agaignard et à Vallon (Goupil). Vit dans les coteaux frais et ombragés, dans les fentes des rochers, sur le tronc des arbres.

7. C. ROLPHI (em. *Rodolphii*) Leach, 1820.
— *dubia*, var. *B. inflata*, Goupil, 1835.

Coquille très ventrue, solide, brune rougeâtre, avec des stries régulières et serrées ; surface souvent corrodée ; 9-10 tours de spire ; 3 plis interlamellaires dans le type de l'espèce. On rencontre des individus à 1 et 2 plis, d'autres sans plis.

Hauteur, 10-14 mm. — Diamètre, 3-4 mm.

Habitat. — Presque toute la France, notamment le Nord et le Centre. Rare dans la Sarthe, où il a été signalé à Avessé, près de Martigné et sur les coteaux de la Tahinière, à Poillé (Goupil). Vit dans les bois frais et les haies couvertes, sous les mousses, les feuilles mortes, les bois abattus ; se rencontre aussi sous l'écorce des arbres et contre les rochers.

8. C. VENTRICOSA Draparnaud, 1805.
— *ventriculosa*. Férussac, 1822 (*Helix*)

Coquille fusiforme, ventrue, transparente, d'un brun plus ou moins foncé, fortement marquée de stries longitudinales, saillantes. Columelle à 2 plis ; 11-12 tours de spire ; ouverture ovale bidentée ; péristome blanc peu réfléchi.

Hauteur, 18-20 mm. — Diamètre, 4-5 mm.

Habitat. — Toute la France, principalement le Nord et l'Est. Très rare dans la Sarthe, où il n'a encore été signalé qu'aux environs d'Écommoy (Huard). Vit sous la mousse, dans les bois; quelquefois sous l'écorce des vieux arbres ou à leur pied.

Famille V. — STENOGYRIDÆ.

Mâchoire mince, arquée, finement plissée.

Coquille allongée, polygyrée, luisante, translucide.

Sous-famille. — STENOGYRINÆ.

Coquille dextre, imperforée; columelle subtronquée.

Péristome épaissi intérieurement; subtroncature de la columelle à
peine appréciable................ FERUSSACIA, S.-G. *Cionella*.
Péristome simple; columelle nettement tronquée
à la base.. CÆCILIANELLA.

G. 1. FERUSSACIA Risso, 1826.

Étym., dédié à Férussac, conchyliologiste.

Mâchoire mince, à plis nombreux, à bords crénelés.

Coquille assez petite, imperforée, brillante, polie, transparente; sommet faiblement obtus; columelle calleuse, sinueuse, subtronquée; péristome non renversé.

§. — *Pied sans pore muqueux.*

Sous-Genre. CIONELLA Jeffreys, 1829.

— ZUA Leach *in* Turton, 1831.

Coquille très luisante, à ouverture oblique, ovale-piriforme; péristome à lèvre interne épaissie; columelle à peine subtronquée.

1. C. SUBCYLINDRICA Linné, 1767 (Helix).
— *lubrica* Müller, 1774 (Helix).
— *Bulimus lubricus* Bruguière, 1789.
Vulgairement, la brillante. Geoffroy.

Coquille ovale oblongue, subcylindrique, d'un brun pâle ou jaunâtre, quelquefois noirâtre, lisse, translucide, très luisante et comme vernissée; 5-6 tours de spire, à sommet faiblement obtus; ouverture un peu oblique, ovale piriforme; péristome simple, épaissi, souvent teinté de rougeâtre; point de fente ombilicale.

Hauteur, 4-7 mm. — Diamètre, 2 mm.

Habitat. — La France entière. Assez commun dans la Sarthe. Vit de préférence dans les lieux frais et humides, le long des cours d'eau ; sous les pierres, parmi la mousse ou le gazon. Le Mans, à Sainte-Croix ; Montfort, la Pécardière.

G. 2, **CÆCILIANELLA** Férussac, em. 1817 (Cæcilioides).

Étym. du latin, *cæcus*, aveugle.

Tentacules supérieurs non renflés à leur extrémité, privés de globes oculaires et manquant d'appareil visuel.

Coquille dextre très petite, imperforée, de forme cylindrique-subulée, polie, unicolore, brillante, fragile ; spire assez allongée à sommet obtus. Ouverture ovale, simple ; péristome simple, droit, aigu ; columelle nettement tronquée à la base.

1. C. ACICULA Müller, 1774 (*Buccinum*).
— *Achatina acicula.* Lamarck, 1822, partim.
— *Bulimus acicula.* Moq.-Tand., 1855.

Vulgairement, l'aiguillette, Geoffroy.

Coquille cylindrique subulée, allongée, blanchâtre ou grisâtre, très fragile, transparente ; 6 tours de spire ; péristome simple ; columelle toujours tronquée à la base.

Hauteur, 4-6 mm. — Diamètre, à peine 1 mm.

Habitat. — Toute la France. Espèce assez rare dans la Sarthe, où elle a été signalée au Mans, l'Épau, Chaoué (Goupil) ; à Yvré-l'Évêque, Noyers ; à Montfort, la Pécardière (Morin). Très difficile à recueillir vivante, on la trouve plus souvent morte dans les alluvions. Vit dans les bois, les prairies, sous les pelouses, les feuilles mortes. Aime à s'enfoncer dans l'humus. Il est indispensable de se procurer cette espèce à l'état vivant pour avoir des coquilles lisses, brillantes et d'un blanc transparent.

Mœurs. — Mollusque aveugle, nocturne, vivant sous terre, dans l'humus, dans les cavernes, dans les tombeaux, aimant l'humidité ; non carnassier, mais se nourrissant de détritus végétaux ou de petits cryptogames. Ne sort de sa retraite que la nuit seulement.

Famille VI. — SUCCINEIDÆ.

Tentacules inférieurs très peu développés. Mâchoire du type élasmognathe. Orifices génitaux distincts mais contigus. Coquille très mince jaunâtre, à spire courte, à ouverture ample.

G. SUCCINEA Draparnaud, 1801.

Étym. du latin *succineus*, de succin, ambre jaune.

Animal gros, héliciforme, rentrant dans sa coquille, mais souvent avec peine; tentacules supérieurs cylindriques, à peine renflés au sommet, les inférieurs peu visibles.

Coquille imperforée, ovale ou oblongue, fragile, pellucide; spire conique assez petite, formée de tours peu nombreux; ouverture ovale, très ample, oblique; columelle simple, tranchante, droite; péristome simple.

1. } Tours de spire non tordus, suture superficielle; coq. grande, ventrue, ouvert. ovale; 15-25 mm..................... S. PUTRIS.
Tours de spire tordus; suture profonde............. 2.

2. } Coq. assez grande; ouvert. ovale-allongée, resserrée; 12-20 mm................................. S. PFEIFFERI.
Coq. petite, presque opaque; ouvert. ovale-oblique, angle columellaire aigu; 6-9 mm...................... S. OBLONGA.

1. S. PUTRIS Linné, 1758 (Helix).
— *amphibia* Draparnaud, 1801.

Coquille grande, ovale ventrue, mince, translucide, d'un jaune-olivâtre ou de succin pâle, striée; 3 tours de spire non tordus, suture peu profonde, superficielle, sommet obtus; ouverture grande, ovale oblique, élargie inférieurement et égalant les deux tiers de la longueur totale; péristome simple.

Hauteur, 15-25 mm. — Diamètre, 7-10 mm.

Variété *B. Opaca* Goupil, 1835. — Plus allongée que le type, plus épaisse, peu transparente et d'un gris-jaunâtre (Goupil).

Habitat. — Toute la France. Commun dans la Sarthe. C'est la plus grande des espèces françaises. Vit dans les lieux frais, toujours sur le bord des eaux, le long des étangs, des ruisseaux ; à terre, ou grimpant sur les roseaux, les joncs, les herbes des fossés aquatiques.

La variété *Opaca* a été trouvée par Goupil sur un pan de mur humide, devant la roue du moulin de Courcelles, à Avessé. Toutefois je n'ai pas connaissance que depuis 1835, cette variété ait été de nouveau signalée au même endroit ni ailleurs dans la Sarthe. Millet, (*Moll. de Maine-et-Loire*, 1854), n'en fait pas mention.

2. S. PFEIFFERI Rossmassler, 1835.
— *amphibia* Draparnaud, 1805 (pars).
— *putris* var. *elongatula* Hartmann, 1821.

Coquille variable, ayant des rapports avec la précédente, mais s'en distinguant par sa forme plus effilée, moins ventrue, par son ouverture plus étroite et surtout par l'état de torsion de toutes ses parties. La suture des tours de spire est profonde et la couleur de la coquille est ordinairement plus vive, plus ambrée.

Hauteur, 12-20 mm. — Diamètre, 8-12 mm.

Habitat. — Toute la France. Se trouve avec le précédent. Signalé dans la Sarthe, au Mans, fossés aquatiques de l'Épau ; Pont-de-Gennes, les îles, près le pont du chemin de fer (Morin). Vit au bord des rivières, des ruisseaux, des fossés aquatiques, sur les plantes basses ou sur la terre ; rampe particulièrement sur les joncs ; se trouve sur les débris flottants, les feuilles mortes, les bois submergés.

3. S. OBLONGA Draparnaud, 1801, *non* Turton.
— *elongata* Férussac, Helix *(Cochlohydra)*.

Coquille de petite taille, ovale oblongue, d'un blanc grisâtre ou d'un gris jaunâtre, striée longitudinalement, plus épaisse que les précédentes, presque opaque dans toute son étendue ; spire un peu oblique de 4 tours tordus ; sommet un peu aigu ; suture profonde ; ouverture ovale oblique égalant la moitié de la longueur totale ; péristome simple, quelquefois garni d'un petit bourrelet intérieur.

Hauteur, 6-9 mm. — Diamètre, 3-5 mm.

Habitat. — Toute la France. Plus rare dans la Sarthe que les précédents. Signalé à Avessé, prairies de Martigné (Goupil). Vit au bord des sources, des fontaines et des ruisseaux, sous les feuilles mortes, sur les joncs et les plantes aquatiques.

Mœurs. — Les succinées ou ambrettes sont herbivores et vivent de plantes aquatiques, sur lesquelles elles grimpent; elles descendent de plus en plus bas selon l'augmentation de la chaleur du jour. Pondent en été de 50 à 70 œufs, globuleux et jaunâtres, agglomérés par une matière gélatineuse qui les fixe à la base des plantes (A. Granger).

B. Ditremata.

Gastéropodes androgynes, à orifices génitaux écartés : l'orifice mâle placé dans le voisinage de la tête; l'orifice femelle, du même côté, près du pied, vers la moitié de sa longueur.

Sous-ordre II. — GEHYDROPHILA Férussac, 1819.

Pulmonés terrestres non operculés, vivant dans les lieux humides, à yeux sessiles, à orifices génitaux écartés et à téguments rugueux, semblables à ceux des géophiles.

Famille VII. — AURICULIDÆ.

Animaux renfermés dans une coquille, dont les cloisons intérieures sont presque toujours résorbées, à l'exception de la paroi interne de l'avant-dernier tour. Mâchoire composée de faisceaux fibreux, brusquement coudée de chaque côté pour suivre les contours des lèvres inférieures. Radule formée de rangées de dents, sensiblement horizontales.

Coquille ovale-allongée, non operculée; ouverture dentée, columelle plissée.

§. — *Cloisons internes résorbées; pied entier, à extrémité simple; animal terrestre.*

G. 1. CARYCHIUM O. F. Müller, 1774.

Étym. du grec, *buccin.*

Deux tentacules relativement gros, cylindriques, obtus; les yeux près de leur base interne et postérieure; pied épais, entier, obtus en arrière. Animal d'un jaune pâle. Coquille très petite, cylindrique, pupiforme, mince, hyaline; columelle et labre dentés; péristome légèrement réfléchi, à bords réunis par une callosité.

1. C. **MINIMUM** Müller, 1774.

— *Auricula minima* Draparnaud, 1805.

Coquille oblongue, diaphane, blanchâtre, lisse; 5 tours de spire, à sommet obtus; ouverture semi-ovale, avec une dent très petite à son bord latéral, une deuxième sur le bord columellaire et un pli dentiforme sur la columelle; péristome arrondi, légèrement réfléchi, garni d'un bourrelet blanchâtre, assez épais.

Hauteur, 1 1/2-2 mm. — Diamètre, 1 mm.

Habitat. — Toute la France. Goupil n'a indiqué aucune localité dans la Sarthe, et ne s'est pas prononcé sur l'abondance ou la rareté de cette espèce, que je crois assez peu commune dans notre région. Millet la cite comme rare en Anjou. Je la possède provenant d'Yvré-l'Évêque, moulin de Noyers. Vit dans les lieux très humides, ordinairement au bord des eaux, sous les plantes en décomposition, le bois pourri, dont l'animal fait sa nourriture. Se rencontre quelquefois dans les bois, sous la mousse, sous les branches mortes et sous les pierres.

Sous-ordre III. — HYGROPHILA Férussac, 1821

§. — *Pulmonés d'eau douce inoperculés.*

Mollusques vivant dans les eaux douces, mais paraissant de temps en temps à la surface pour renouveler leur provision d'air.

Gastéropodes androgynes à orifices génitaux, séparés, écartés : l'orifice mâle placé près du tentacule, l'orifice femelle à la base du cou, près de l'orifice respiratoire. Œufs enveloppés d'une capsule gélatineuse, transparente. Embryons différant très peu des adultes et dépourvus de vélum natatoire. Poche pulmonaire protégée par un lobe charnu, plus ou moins saillant.

Coq. patelliforme, spirale ou discoïdale, de coloration uniforme, cornée.. LIMNÆIDÆ.

Coq. spirale sénestre, mince, fragile, péristome tranchant... PHYSIDÆ.

Famille VIII. — LIMNÆIDÆ.

Mâchoire simple ou composée de trois segments. Dents de la radule en rangées horizontales. Coquille variable.

1. Coquille très petite, non spirale, cupuliforme......... ANCYLUS.
   Coquille spirale..................................... 2.

2. Spire enfoncée, non visible; coquille discoïde....... PLANORBIS.
   Spire aiguë plus ou moins turriculée................. 3.

3. Animal développé ne recouvrant pas sa coquille....... LIMNÆA.
   Animal développé recouvrant presque entièrement sa coquille... .... AMPHIPEPLEA.

1re Sous-famille. — ANCYLINÆ.

§. — *Coquille patelliforme, sans spire ni columelle, sommet postérieur pointu, incliné latéralement.*

G. 1. ANCYLUS Geoffroy, 1767.

Étym. du grec : *courbé*.

Animal non spiral, à corps conique un peu courbé en arrière, tête grosse; pied grand, ovale; 2 tentacules courts, comprimés, oculés à leur base interne, orifices respiratoire, génitaux et anal du même côté. Mâchoire mince, réfléchie en dessous et bordant les lèvres latérales. Dents marginales de la radule serriformes.

Coquille mince, patelliforme, en cône oblique, plus ou moins déprimée, à sommet dirigé en arrière, un peu incliné latéralement. Ouverture formant la plus grande largeur de la coquille. Bords simples, continus, minces, tranchants.

> Coquille conique-oblique, à sommet tournant un peu à droite, ouverture ovale .... A. FLUVIATILIS. S.-G. *Ancylastrum*.
> Coquille conique allongée, à sommet tournant un peu à gauche, ouverture ovale-elliptique......... A. LACUSTRIS. S.-G. *Velletia*.

1ᵉʳ *Sous-Genre* ANCYLASTRUM Moquin-Tandon, 1855.

Orifices génitaux et pulmonaire au côté gauche du corps; sommet de la coquille incliné à droite.

1. A. FLUVIATILIS Müller, 1774.

Coquille très variable dans sa forme, sa grandeur et sa coloration; lisse ou marquée de stries longitudinales très fines; sommet obtus, recourbé, postérieur et incliné à droite; ouverture ovale ou elliptique-arrondie. Coloration d'un brun noirâtre.

Hauteur, 4-6 mm. — Ouverture. } grand diamètre...... 6-8 mm.
{ petit diamètre .... 4-5 mm.

Habitat. — Fleuves et rivières de toute la France. Commun. L'Huisne : au Mans, Gué-Bernisson, l'Épau; Yvré-l'Évêque, Pont-de-Gennes, Connerré; la Sarthe : Vivoin, Le Mans; la Bienne, Chérancé, etc. (Morin). Vit dans les rivières, les ruisseaux, les sources, appliqué sur les pierres et autres corps immergés.

Nous manquons encore d'observations positives sur les variétés de cette espèce habitant le département.

2ᵉ *Sous-Genre* VELLETIA Gray, 1840.

Orifices génitaux et pulmonaire au côté droit; sommet de la coquille incliné à gauche.

2. A. LACUSTRIS Müller, 1774.
— *Patella lacustris* Gmelin.
— *Patella oblonga* Donovan et Auct. brit.

Coquille conique oblongue, affaissée, très mince, comme membraneuse, lisse, diaphane, cornée, blanche, recouverte d'un épiderme brun; sommet aigu, recourbé, postérieur et incliné à gauche; ouverture ovale-elliptique.

Hauteur, 2-3 mm. — Ouverture. { grand diamètre..... 5-10 mm.
petit diamètre....... 2-4 mm.

Habitat. — Toute la France. Assez rare dans la Sarthe. Le Mans, Moulin-à-l'Évêque; Auvers-le-Hamon, dans le Treulon; les Mares, à Saint-Maixent (Anjubault). Vit de préférence dans les eaux tranquilles, les étangs, les marais, sous les feuilles des nénuphars et autres plantes aquatiques, sur la tige des joncs ou appliqué sur les pierres.

2ᵉ Sous-famille. — LIMNÆINÆ.

§. — *Coquille spirale, à spire aiguë, plus ou moins allongée; dernier tour ample; ouverture développée, oblongue.*

G. 1. LIMNÆA Lamarck, em. 1801 (Lymnæa).

Étym. du grec, étang.

Animal spiral, ne recouvrant pas sa coquille lorsqu'il est développé; tête large; 2 tentacules courts aplatis, triangulaires; yeux sessiles placés à leur base interne; orifice pulmonaire protégé par un lobe saillant. Mâchoire composée de 3 segments : 1 supérieur et 2 latéraux. Dents marginales de la radule multicuspidées. Coquille spirale, mince, unicolore, cornée, dextre. Spire aiguë, plus ou moins turriculée. Ouverture ovale, ample, arrondie en avant. Columelle plus ou moins tordue. Péristome aigu, entier, mince.

1. { Coquille allongée... 2.
{ Coq. ovale ou circulaire..................................... 5.

2. { Coq. petite, mince, à suture très profonde;
{ 6-15 mm. de haut......................... L. TRUNCATULA.
{ Coq. grande; spire allongée; très ventrue dans son dernier
{ tour...................................... L. STAGNALIS.

3. { Coq. turriculée, effilée, bordée intérieurement d'un bourrelet
{ blanc.................................... L. GLABRA.
{ Coq. allongée; ouverture ovale-elliptique.:.......... 4.

4. { Extérieur brun fauve ou corné; intérieur blanc roussâtre, 12-
{ 30 mm.. L. PALUSTRIS.
{ Extérieur noirâtre; intérieur vineux ou violacé;
{ 35 mm.. L. CORVUS.

5. { Coq. perforée, ampullacée; spire courte, mucro-
     née.. L. AURICULARIA.
  { Coq. subimperforée............................... 6.

6. { Très ventrue, subampullacée; péristome arqué...... L. LIMOSA.
  { Légèrement ventrue, péristome droit, tranchant.... L. PEREGRA.

SECTION LYMNUS Montfort

§. — *Coquille allongée; ouverture très ample.*

1. L. STAGNALIS Linné, 1758 (Helix).
Vulgairement, le grand buccin, Geoffroy.

Coquille allongée, de forme et de taille très variables, mince, cornée, grisâtre, fauve ou brunâtre, diaphane, striée; 6-7 tours de spire, l'inférieur un peu anguleux, ventru et très grand; les autres arrondis, forment en diminuant un cône effilé, à sommet très aigu; suture peu profonde; ouverture très grande, ovale et un peu anguleuse à sa partie supérieure, bord latéral tranchant, un peu sinueux; bord columellaire, garni d'un pli oblique rentrant, et réfléchi sur la fente ombilicale, qui est rarement visible.

Hauteur, 30-45 mm. — Diamètre, 16-25 mm.

Variété *B. Subfusca* Goupil, 1835. — Coquille plus petite que le type, moins ventrue, d'un gris roussâtre, assez souvent marquée de quelques bandes longitudinales blanches et opaques. Péristome tranchant, un peu épaissi.

Habitat. — Toute la France. Le type commun dans le département. Les étangs de Loudon, à Parigné-l'Évêque, de Saint-Mars-la-Brière, de Gué-Chaussée, à Saosnes, etc., fournissent de beaux spécimens. Goupil n'a donné aucune localité précise pour sa variété ci-dessus. Vit dans les eaux stagnantes, les étangs, les rivières tranquilles, les mares, les fossés voisins des rivières.

L'animal de cette espèce a 110 rangées de 55 dents chacune; il pond de 100 à 130 œufs qui ont souvent 2 mm. de diamètre (A. Granger).

2. **L. TRUNCATULA** Müller, 1774 (*Buccinum*).
— *minutus* Draparnaud, 1801 (*Limneus*).

Coquille petite, allongée conique, variable dans sa taille et dans sa forme, mince, transparente, striée, de couleur cendrée ou cornée; 5-5 1/2 tours de spire très convexes, à sommet aigu, coupés obliquement vers la base et tronqués transversalement en dessus, le dernier beaucoup plus ample; suture très profonde; ouverture ovale de la grandeur de la moitié de la coquille, à bords un peu renversés; bord columellaire très sinueux, évasé réfléchi, collé sur l'avant-dernier tour; fente ombilicale peu sensible.

Hauteur, 6-15 mm. — Diamètre, 6-9 mm.

Variété *L. truncatula* Goupil, 1835. — *Goupili* Moquin-Tandon, 1855. — Coquille noire ou d'un brun noirâtre, de 10 à 12 mm. de hauteur sur 4 à 5 mm. de diamètre.

Habitat. — Toute la France. Assez rare dans la Sarthe. Signalé dans les fossés du chemin de la Cornue, à la Croix de Charbonnière (Huard); dans le Narrais, à Saint-Mars-la-Brière; le Gué-Perré, à Yvré-l'Évêque; l'Ortier, à Lombron (Morin); le ruisseau du Sort, dans le canton de Saint-Paterne (de Liesville). Habite les petits ruisseaux, les fossés aquatiques, les marais, les rigoles des prairies; se trouve aussi sur les pierres submergées, dans les eaux très courantes. Se rencontre souvent très loin de l'eau, dans les excavations de carrières, les marnières, qui ne sont inondées que l'hiver, taries le reste de l'année et exposées aux rayons du soleil. C'est alors que les limnées se cachent sous les pierres et s'y reproduisent.

La variété *Goupili* habite les fontaines. Signalée dans un lavoir du pré de la Guyonnière, dépendant du château de Martigné, à Avessé (Goupil); dans des fontaines de la commune des Chapelles, canton de Couptrain (Mayenne) (Chaudron).

Section Radix Montfort.

§. — *Coquille subovale globuleuse; ouverture très ample.*

3. L. AURICULARIA Linné, 1758 (Helix).
Vulgairement : le radis, le buccin ventru. Geoffroy.

Coquille perforée, de forme circulaire, ampullacée, fort mince, luisante, transparente, de couleur jaunâtre ou d'un fauve clair, finement striée; spire courte, mucronée de 4 tours, dont le dernier, 6 ou 7 fois plus grand que les 3 autres, offre une large ouverture ovale très dilatée; bord columellaire évasé, recouvrant en partie la fente ombilicale.

Hauteur, 20-35 mm. — Diamètre, 15-25 mm.

Habitat. — Plus particulièrement la France centrale et septentrionale. Commun dans la Sarthe, où l'on rencontre quelques variétés. Fossés aquatiques communiquant à l'Huisne : Pontlieue, Yvré-l'Evêque, Pont-de-Gennes; étangs de Loudon, de Saint-Mars-la-Brière, etc. Vit de préférence dans les eaux dormantes, les étangs, les grands fossés, les marais, plus rarement dans les eaux courantes.

4. L. LIMOSA Linné, 1758 (Helix).
— *ovata* Lamarck, 1822.

Coquille subimperforée, de forme ovale, subampullacée, très ventrue, luisante, transparente, de couleur fauve, finement striée; 4-5 tours de spire, dont le dernier est au moins 4 fois plus grand que tous les autres; les supérieurs plus allongés et décroissant moins vite que dans l'espèce précédente; sommet aigu; ouverture ovale-oblongue, subétalée; bord columellaire évasé, réfléchi, tordu, recouvrant presque en entier la fente ombilicale qui est assez marquée. Péristome arqué.

Hauteur, 16-25 mm. — Diamètre, 10-15 mm.

Habitat. — La France entière. Commun dans la Sarthe, avec des variétés de forme et de grandeur. Vit dans les eaux stagnantes et courantes. Je l'ai plusieurs fois rencontré vivant, l'été, dans la boue presque desséchée des fossés aquatiques, entre le champ de manœuvres de Pontlieue et l'Abattoir.

De Liesville cite comme habitant les environs d'Alençon, le *L. teres*, Gmelin, qui est une variété cylindracée du *L. limosa*, Linné.

Section Limnophysa Fitzinger.

§. — *Coquille oblongue-ovale, spire conique. Ouverture proportionnée.*

5. **L. PEREGRA** Müller, 1771 (*Buccinum*).

Coquille subimperforée, légèrement ventrue, variable de forme et de taille; de couleur cornée ou brunâtre, striée surtout sur le dernier tour; 4-5 tours de spire, dont le dernier est beaucoup plus grand que les autres réunis; suture profonde, sommet aigu; ouverture ovale, un peu anguleuse supérieurement; bord columellaire sinueux évasé, réfléchi, recouvrant presque en entier la fente ombilicale; le latéral un peu droit, quelquefois bordé de blanc intérieurement; péristome droit, tranchant; fente ombilicale peu sensible.

Hauteur, 15-20 mm. — Diamètre, 8-15 mm.

Habitat. — Une grande partie de la France. Ne paraît pas rare dans notre département, mais la désignation positive des localités manque dans beaucoup de cantons, faute d'observations sérieuses. Signalé dans les fossés des prés du Mans et à Saint-Maixent (Goupil). Trouvé à Yvré-l'Évêque, fossés communiquant à l'Huisne; à Saint-Pavace, fossés communiquant à la Sarthe, au-dessus du Moulin-à-l'Évêque; trouvé en grande quantité à Pontlieue, quartier du Bourg-Neuf, en compagnie du *L. glabra*, dans un fossé communiquant à l'Huisne; rencontré en quantité à Pontlieue, dans un fossé à droite de la route des Sablons, en face le cimetière, où il vit dans la vase pendant l'été, le fossé tarissant à l'époque de la sécheresse (Morin). Vit de préférence dans les eaux stagnantes, les mares, les marais, les fossés.

6. **L. PALUSTRIS** Müller, 1774 (*Buccinum*).

Coquille imperforée, allongée, de taille et de couleur variables; 6 tours de spire décroissant progressivement (le dernier non ventru), et marqués extérieurement, outre les stries transversales d'accroissement, de bandes longitudinales saillantes; ouverture ovale, un peu moindre que la moitié de la longueur totale. Point de fente ombilicale.

Hauteur, 12-30 mm. — Diamètre, 6-14 mm.

Variété *A. Major*. — Spire allongée, suture assez profonde, ouverture moyenne; coquille opaque d'un brun plus ou moins foncé. Hauteur, 30 mm. — Diamètre, 10 mm. Rare dans le département. Trouvée à Pont-de-Gennes, dans l'Huisne, sous une des dernières arches du pont, où l'eau est stagnante et ne coule que pendant les crues (Morin).

Variété *B. Media*. — Coquille d'un brun-noirâtre ou cendrée, opaque; à intérieur d'un blanc sale. Hauteur, 15-20 mm. — Diamètre, 6-8 mm.

Cette forme parait la plus commune dans nos limites.

Variété *C. Minor*. — Helix *fragilis* Linné. — Coquille pellucide, transparente, de couleur cornée. Hauteur, 8-9 mm. — Diamètre, 4-6 mm.

Habitat. — Toute la France. Espèce très commune dans notre région, où elle offre un certain nombre de variétés qui peuvent se rapporter aux 3 formes ci-dessus. Vit de préférence dans les eaux stagnantes, les marais, les étangs, les fossés aquatiques, les rigoles des prairies et plus rarement dans les eaux courantes.

Nota. — Certaines variétés du *L. palustris* ressemblent beaucoup au *L. peregra*, surtout lorsqu'elles ne sont pas tout à fait adultes et il est assez facile de s'y tromper. Le *L. peregra* se distingue à sa spire plus courte, à sa suture plus profonde, à son dernier tour légèrement ventru et surtout à la forme de l'ouverture, qui est plus anguleuse supérieurement et proportionnellement plus haute (de l'Hôpital).

7. L. CORVUS Gmelin, 1779 (*Helix*).
— *palustris* var. *a* Draparnaud, 1805.
} *palustris* var. *A* Goupil, 1835.
} *palustris* var. *b-Corvus* Moquin-Tandon, 1855.

Cette forme est considérée par la plupart des auteurs comme une variété de l'espèce précédente. D'après Moquin-Tandon, la variété *A* de Goupil se rapporterait au *L. corvus* de Gmelin et de Dupuy. Il est regrettable que l'auteur sarthois n'ait donné que des caractères insuffisants de cette variété et n'ait surtout indiqué aucune localité précise dans le département. Les principaux caractères sont : Coquille de grande taille, à spire allongée, de couleur brune ou noirâtre à l'extérieur et d'un violet foncé ou vineux à l'intérieur. Hauteur, 36-42 mm. — Diamètre, 15-20 mm.

SECTION LEPTOLIMNÆA Swainson.

§. — *Coquille presque cylindrique; spire allongée; ouverture ovale rétrécie.*

8. L. GLABRA Müller, 1774 (*Buccinum*).
— *leucostoma* Poiret, 1801 (*Bulimus*).
— *elongatus* Draparnaud, 1805 (*Limneus*).

Coquille allongée, effilée, turriculée, transparente, très finement striée, de taille variable; 7 tours de spire, à sommet aigu; couleur d'un brun noirâtre ou d'un brun fauve, quelquefois cendrée; ouverture ovale, à bord un peu membraneux, petite, légèrement rétrécie et bordée intérieurement d'un bourrelet blanc; point de fente ombilicale.

Hauteur, 12-18 mm. — Diamètre, 4-6 mm.

Variété *L. gingivata* Goupil, 1835. — Spire de 4 1/2-5 tours. Hauteur, 4-7 mm. — Diamètre, 2-3 mm.

D'après Moquin-Tandon, le *L. gingivata* Goupil a été établi avec de jeunes individus du *L. glabra* Müller. Drouet en fait une variété à spire courte.

Habitat. — Une grande partie de la France, manque dans le Nord-Est. Paraît assez peu commun dans notre région. Signalé au Mans, dans les petits fossés sur le haut de la butte de Gazonfier ; dans le chemin de la Cornue, à la Croix de Charbonnière (Huard) ; trouvé à Pontlieue, quartier du Bourg-Neuf, dans un fossé communiquant à l'Huisne (Morin).

La forme *gingivata* signalée au Mans, chemin du Gué-Bernisson, à l'Épau (Goupil). Commune entre le passage à niveau des Sablons et Toile-Blanche, dans les fossés à droite et à gauche du chemin de l'Épau (Morin).

Vit dans la vase pendant la sécheresse.

G. AMPHIPEPLEA Nilsson, 1822.

Étym. du grec : autour, manteau.

Bords du manteau très développés, réfléchis sur la coquille et la couvrant en grande partie. Tentacules courts, aplatis, subtriangulaires.

Coquille ovoïde-globuleuse très mince, transparente ; spire très courte, déprimée, ouverture fort large.

1. A. GLUTINOSA Müller, 1774 (*Buccinum*).
— *glutinosus* Draparnaud, 1805 (*Limneus*).

Animal d'un blanc jaunâtre marqué de points dorés ou de taches brunes visibles à travers la coquille. Manteau très extensible recouvrant la coquille, à l'exception d'un petit espace ovalaire de la région dorsale du dernier tour ; ce qui la fait paraître comme enveloppée d'un enduit gluant.

Coquille ovoïde très ventrue, extrêmement mince et fragile, légèrement striée, luisante, diaphane, couleur d'un jaune très pâle ou de corne claire ; 3 tours de spire dont l'inférieur est très ample et les premiers très petits ; sommet obtus ; ouverture obliquement ovale, très grande.

Hauteur, 10-12 mm. — Diamètre, 8-10 mm.

Habitat. — Plus particulièrement la France septentrionale et moyenne. Rare dans notre département où il a été signalé dans un ruisseau à la queue d'un étang traversant le chemin qui conduit de la forêt de Jupilles à Chahaignes (Goupil). Fresnay et Saint-Léonard-des-Bois (Chaudron).

Queue d'un petit étang au-dessus du moulin de Saint-Jean-de-la-Motte (Huard). Ruisseau servant d'écoulement à l'étang de Vaux, commune de Gesnes-le-Gandelin (Morin). Vit dans les ruisseaux et les petites rivières, ainsi que dans les eaux stagnantes : les marais, les fossés des prairies.

Mœurs des limnées. — Les limnées sont généralement de couleur brun foncé ou brun verdâtre; leur peau lisse sans tubercules, molle et visqueuse paraît plus sensible encore que celle des hélices, car au moindre attouchement, elles se contractent, rentrent toutes leurs parties dans la coquille, et devenant d'une pesanteur spécifique plus considérable, elles tombent au fond de l'eau. Comme elles sont forcées de renouveler l'air de leur poche pulmonaire, elles reviennent de temps en temps à la surface; toutefois Fischer affirme qu'elles peuvent passer plusieurs jours sous l'eau sans être asphyxiées. Elles peuvent aussi s'élever ou descendre à volonté, en dilatant, comprimant ou, même rejetant l'air contenu dans la cavité pulmonaire. Lorsqu'elles sont à la surface, elles se tiennent dans une position renversée, la face inférieure du pied dirigée en haut et la coquille en bas plongée dans l'eau. Dans cette position elles peuvent ramper sous la surface du liquide. Pendant l'hiver, les limnées s'enfoncent plus ou moins dans la vase; elles peuvent aussi y vivre dans les grandes sécheresses. A la fin du printemps a lieu la reproduction; comme leurs deux orifices génitaux se trouvent fort éloignés, cela nécessite de la part de ces mollusques un mode d'accouplement singulier qui n'est pas le même que celui des hélices où deux individus agissent réciproquement l'un sur l'autre, comme mâle et comme femelle; dans les limnées, il en faut au moins trois, dont celui du milieu est le seul dont le double appareil soit à la fois en action, le premier individu n'agissant que comme mâle et le dernier que comme femelle. Mais, de nouveaux individus pouvant se joindre à ce groupe primitivement accouplé, il en résulte un cordon souvent fort long dans lequel tous les animaux inter-

médiaires au premier et au dernier agissent et pâtissent à la
fois comme mâles et femelles. Au bout d'un certain temps
d'accouplement, les individus fécondés déposent sur les plantes aquatiques et les pierres, de petites masses glaireuses,
translucides, ovalaires, composées d'une plus ou moins
grande quantité d'œufs. Ces œufs, d'abord nullement distincts, le deviennent peu à peu, on aperçoit dans chacun le
petit animal pourvu de sa coquille, qui en assez peu de
temps, se sépare des autres et va à la recherche de sa nourriture (Blainville).

Les limnées se nourrissent généralement de plantes aquatiques, principalement de *lemna* ou lentilles d'eau. Le *L. stagnalis* paraît toutefois préférer les substances animales.

3e Sous-famille. — **PLANORBIINÆ.**

§. — *Coquille spirale, discoïde, spire déprimée, enfoncée,
non visible, à tours graduellement croissants; pas de columelle proprement dite.*

G. 1. **PLANORBIS** Guettard, 1756.

Étym. du latin *planus*, aplati, *orbis*, cercle.

Animal comprimé, grêle; tête courte, tentacules allongés,
grêles, oculés à leur base interne; pied court, arrondi; orifices génitaux distants situés à gauche, ainsi que les orifices
pulmonaire et anal. Mâchoire composée de trois segments.
Dents marginales de la radule serriformes.

Coquille sénestre, discoïde, unicolore, cornée; spire aplatie, enroulée sur le même plan, biconcave, à tours visibles des
deux côtés. Ouverture oblique; péristome simple, aigu.

§. — *Espèces non carénées.*

1. { Coq. très grande; 5 tours arrondis; diam. 20-35 mm. P. CORNEUS.
   { Coq. petite; 5 tours, ouverture à bords épaissis; diam., 5-
   { 6 mm. .... P. SPIRORBIS.

2. { 6-7 tours très serrés; surface finement striée;
   {   diam., 5 mm.. P. CONTORTUS.
   { 3 1/2 tours peu serrés; surface treillissée, hérissée de pointes
   {   caduques................................ .... P. ALBUS.

§. — *Espèces carénées.*

3. { Coq. moyenne fortement carénée, diam. moy., 15 mm........ 4.
{ Coq. petite, concave en dessous, plane en dessus; diam. moy., 8 mm.. 5.

4. { Convexe des deux côtés..................... P. CARINATUS.
{ Convexe en dessous, aplatie en dessus........ P. COMPLANATUS.

5. { Très comprimée, transparente..................... P. VORTEX.
{ Subcarénée; péristome garni d'un bourrelet intérieur.. P. ROTUNDATUS.

6. { Carène comme dentelée; 2-3 tours couverts de lames épidermiques; diam., 2-3 mm.................. P. NAUTILEUS.
{ Carène non dentelée; pas de lames épidermiques.. 7.

7. { Très petite, lenticulaire, convexe des deux côtés; diam., 2-3 mm.............................. P. FONTANUS.
{ Très brillante; semi-cloisonnée par des lames intérieures; diam., 4 mm........................... P. NITIDUS.

SECTION SPIRODISCUS.

1. P. CORNEUS Linné, 1758 (Helix).
— *purpura* Müller, 1774.

Vulgairement, le grand planorbe, Geoffroy.

Coquille grande, dure, opaque, d'un roux ferrugineux ou d'un brun châtain; 5 tours de spire arrondis, le dernier très ample, convexe en dessus, presque plane en dessous; ombilic large et profond; ouverture arrondie, échancrée par le dernier tour; bord supérieur moins avancé que l'inférieur; péristome simple.

Hauteur, 7-12 mm. — Diamètre, 20-35 mm.

Habitat. — Presque toute la France. Commun dans le département. J'ai recueilli des individus de grande taille dans l'étang de Loudon et dans les fossés aquatiques de la vallée de Montfort. Vit dans les eaux stagnantes : les fossés voisins des rivières, les étangs, les mares, etc.

OBS. — Cette espèce, la plus grande du genre, est dans son jeune âge, de couleur blanchâtre, souvent pourvue de stries spirales disparaissant au frottement et couverte de poils caducs. Lorsque l'animal a reçu une blessure, il en sort un liquide rougeâtre analogue à celui de la pourpre.

Section Tropidiscus.

2. P. CARINATUS Müller, 1774.

Vulgairement, le planorbe à 4 spirales à arêtes, Geoffroy.

Coquille de couleur jaune cornée, opaque ou faiblement transparente, aplatie, concave en dessous, presque plane en dessus; 4 tours de spire convexes des deux côtés; carène médiane, centrale ou subcentrale; ouverture ovale anguleuse, à bord supérieur beaucoup moins avancé que l'intérieur; péristome simple.

Hauteur, 2-3 mm. — Diamètre, 10-15 mm.

Habitat. — Toute la France. Commun dans le département. Paraît plus rare dans les environs de Montfort que le *P. complanatus.* Vit parmi les herbes des eaux stagnantes, dans les fossés aquatiques, les étangs, les mares, les petits ruisseaux.

3. P. COMPLANATUS Linné, 1760 (Helix).
— *umbilicatus* Müller, 1774.
— *marginatus* Draparnaud, 1805.

Espèce très voisine de la précédente. Coquille d'un brun fauve, opaque, striée, convexe en dessous, ombiliquée des deux côtés, plus ou moins plane en dessus; 5-6 tours de spire convexes en dessous, carénés supérieurement, ce qui les fait paraître comme aplatis en dessus; ouverture ovale anguleuse, à bord supérieur, inséré sur la carène, beaucoup moins avancé que l'intérieur; péristome simple.

Hauteur, 2 1/2-4 mm. — Diamètre, 12-20 mm.

Habitat. — Toute la France. Très commun dans le département. J'ai recueilli de beaux spécimens dans les fossés aquatiques de la vallée de Montfort, sous les dernières arches du pont de Pont-de-Gennes; fossés aquatiques de Pontlieue, d'Yvré-l'Évêque, etc. Vit dans les fossés aquatiques, les ruisseaux, les étangs, etc.

Section Gyrorbis Moquin-Tandon.

4. P. ROTUNDATUS Poiret, 1801.
— *leucostoma* Millet, 1813.

Coquille très déprimée, cornée, avec un épiderme noirâtre ou d'un gris jaunâtre, striée, concave en dessous, plane en dessus, ombiliquée des deux côtés; 5-6 tours de spire arrondis en dessous et dont le dernier presque égal aux autres est légèrement caréné en dessus; ouverture ovale à bords épaissis, le supérieur un peu moins avancé que l'inférieur; péristome garni intérieurement d'un ou même de plusieurs bourrelets blanchâtres, ou d'un blanc luisant.

Hauteur, 1-1 1/2 mm. — Diamètre, 5-8 mm.

Habitat. — La France entière. Assez commun dans le département. Le Mans, Moulin-à-l'Évêque (Goupil). Yvré-l'Évêque, vallée de Monfort, Pont-de-Gennes, etc. (Morin). Vit dans les eaux stagnantes, sur les plantes, principalement les *Lemna* et les *Myriophyllum* des fossés aquatiques.

5. P. VORTEX Müller, 1774.
— *Helix vortex* Linné, 1760.

Vulgairement, le planorbe à 6 spirales à arêtes, Geoffroy.

Coquille concave en dessous, plane et un peu ombiliquée en dessus; cornée, d'un brun pâle, transparente, striée; 6-7 tours de spire; carène latérale, dernier tour caréné supérieurement; ouverture ovale, un peu anguleuse; bord supérieur beaucoup moins avancé que l'inférieur; péristome subcontinu.

Hauteur, 1 mm. — Diamètre, 8 mm.

Habitat. — Les eaux claires, parmi les herbes des fossés aquatiques, des étangs. Assez commun. Le Mans, au Moulin-à-l'Évêque (Goupil); fossés de la vallée de Montfort (Morin); Pont-de-Gennes, prés marécageux bordant l'Huisne, en amont du pont du chemin de fer (Morin).

Variété **P. COMPRESSUS** Michaud, 1831.
— *vortex*, var. A Draparnaud, 1805.

Coquille très aplatie, légèrement convexe en dessus, ombiliquée des deux côtés ; dernier tour un peu plus grand ; carène centrale ou subcentrale ; péristome non continu.

Hauteur, un peu moins de 1 mm. — Diamètre, 8 mm.

Habitat. — Les fossés aquatiques, les rivières, les étangs. Plus rare que le type. Le Mans, Moulin-à-l'Évêque (Goupil) ; ruisseaux de Chaîne-de-Cœurs ; fossés de l'Angevinière, près Le Mans (Huard).

SECTION SPIRORBIS Swainson.

6. **P. SPIRORBIS** Müller, 1774.
— *Helix spirorbis* Linné, 1767.

Vulgairement, le petit planorbe à 5 spirales rondes. Geoffroy.

Petite coquille cornée, jaunâtre, plane en dessous, un peu concave en dessus, ombiliquée des deux côtés ; légèrement striée ou lisse ; 5 tours de spire arrondis, l'extérieur un peu plus grand relativement aux autres ; non carénée, ou quelquefois très faiblement subcarénée ; ouverture arrondie, à bords épaissis presque égaux ; péristome blanchâtre intérieurement.

Hauteur, 1 mm. — Diamètre, 5-6 mm.

Habitat. — Les rivières, les ruisseaux et surtout les fossés aquatiques qui y communiquent. Signalé au Mans, Moulin-à-l'Évêque ; Brûlon, fossés de la prairie commune (Goupil). De Liesville le cite comme rare aux environs d'Alençon. Manque d'observations bien positives dans notre département où il paraît rare. Habite plus spécialement la France méridionale.

SECTION BATHYOMPHALUS Agassiz.

7. **P. CONTORTUS** Müller, 1774.
— *Helix contorta* Linné, 1760.

Vulgairement, le petit planorbe à 6 spirales rondes. Geoffroy.

Petite coquille finement striée, rarement hispide, brunâtre ou jaunâtre, plane en dessous, mais un peu excavée par une fossette centrale, ayant en dessus un ombilic profond et évasé; 6-8 tours de spire arrondis, épais, très serrés; ouverture semi-lunaire; bords presque égaux, le supérieur étant un peu moins avancé; péristome simple.

Hauteur, 1 1/2 mm. — Diamètre, 5 mm.

Habitat. — Sur les plantes aquatiques des eaux stagnantes, dans les fossés voisins des rivières. Le Mans, au Moulin-à-l'Évêque; Pontlieue, au Gué-Bernisson; Brûlon, fossés de la prairie; Avessé, fossés de la prairie de Martigné (Goupil).

Section Gyraulus Agassiz.

8. P. NAUTILEUS (pars) Linné, 1760 (Turbo).

Très petite coquille, plane en dessous, ombiliquée en dessus; 3 tours de spire couverts de stries ou lames épidermiques.

Variété *A. Crista* Moquin-Tandon. — *P. cristatus* Draparnaud, 1805. — Jeune âge de l'espèce. Coquille d'un brun pâle très transparente, marquée de stries ou plis élevés; carène fortement denticulée; ouverture arrondie à bords presque égaux; péristome simple, continu.

Hauteur, à peine 1/2 mm. — Diamètre, 2 mm.

Habitat. — Fossés aquatiques des prairies du Mans. (Anjubault *in* Goupil).

Variété *B. Imbricatus* Moquin-Tandon. — *P. imbricatus* Müller, 1774. — Coquille d'un brun pâle ou cendrée, transparente, un peu aplatie, marquée de stries ou plis peu saillants; carène faiblement denticulée; ouverture ovale-arrondie; bord supérieur moins avancé que l'inférieur; péristome simple, subcontinu.

Hauteur, 1/2 mm. — Diamètre, 2-3 mm.

Habitat. — Presque toute la France. Assez rare dans le département. La variété *imbricatus* a été signalée au Mans, vieilles marnières, aux Ruelles; à Vallon (Anjubault); à Avessé, ruisseau de la prairie de Martigné (Goupil). Vit de préférence dans les eaux stagnantes, les mares, les fossés aquatiques, parmi les conferves, les *Lemna*, les *Oscillatoria*, les *Byssus*, etc.

9. P. ALBUS Müller, 1774.
— *hispidus* Draparnaud, 1805.

Vulgairement, le planorbe velouté. Geoffroy.

Petite coquille d'un brun pâle ou blanchâtre, transparente, presque plane et subombiliquée en dessous, profondément ombiliquée en dessus, marquée de stries longitudinales, coupées par d'autres transversales sensibles; hérissée de pointes coniques, caduques, plus visibles et assez longues sur le dos de la coquille; 3 tours 1/2 de spire peu serrés, le dernier subanguleux très dilaté; ouverture ovale, à bord supérieur moins avancé que l'inférieur; péristome simple.

Hauteur, 1-1 1/2 mm. — Diamètre, 4-7 mm.

Habitat. — Presque toute la France. Assez commun dans le département. Le Mans, à Chaoué; Avessé (Goupil); Yvré-l'Évêque; Le Mans, à Pontlieue, dans les fossés aquatiques. Trouvé à l'état de coquille morte dans le sable, au bord de l'Huisne, à Pont-de-Gennes (Morin). Vit dans les eaux stagnantes et les eaux courantes. Les rivières, les ruisseaux, les fossés aquatiques parmi les *Conferves*, les *Chara* et autres plantes submergées.

Section Hippeutis Agassiz.

10. P. FONTANUS Lightfoot, 1786 (Helix).
— *complanatus* Draparnaud, 1805 *non* Poiret.
— *lenticularis* Hartmann, 1842 (*Hippeutis*).

Très petite coquille convexe des deux côtés, lenticulaire, blanchâtre, lisse, brillante, transparente, cornée; ombiliquée en dessus; 4 tours de spire dont le dernier est beaucoup plus ample, pourvus d'une carène aiguë placée sur leur milieu; ouverture semi-lunaire dont les bords sont à peu près égaux, le supérieur un peu moins avancé que l'inférieur; péristome simple.

Hauteur, moins de 1 mm. — Diamètre, 2-3 mm.

Habitat. — La France entière. Rare dans nos limites. Si-

gnalé à Chantenay, étangs de Groteau et de Voisins ; à Saint-
Maixent (Anjubault). Vit dans les eaux tranquilles, limpides,
sur les plantes aquatiques ; dans les étangs et les fossés des
marais.

Sous-genre SEGMENTINA Fleming, 1830.

Coquille aplatie, à dernier tour embrassant, caréné ; intérieur muni de dents lamelleuses, espacées, groupées par 3 et
divisant la coquille en chambres incomplètes.

11. P. NITIDUS Müller, 1774.
— *complanatus* Poiret, 1801, *non* Draparnaud.
— *clausulatus* Férussac, 1820.
— *Segmentaria lacustris* Swainson, 1840.
— *Segmentina lineatus* Gray, 1840.

Très petite coquille brune ou d'un jaune d'ambre, très
lisse, brillante, cornée, transparente ; convexe en dessous ;
un peu plane et fortement ombiliquée en dessus ; 3-4 tours de
spire ; le dernier plus ample ; une forte carène obtuse placée à
la partie supérieure de la spire ; ouverture semi-lunaire, profondément modifiée par la saillie de l'avant-dernier tour ; de
petites lames élevées et opposées dans l'intérieur et formant
des demi-cloisons ; bord inférieur dépassant de beaucoup le
supérieur ; péristome simple.

Hauteur, 1 1/4 mm. — Diamètre, 4 mm.

Habitat. — Les eaux stagnantes, les fossés et les marais
d'une grande partie de la France, principalement dans la région du Nord. Rare dans la Sarthe. Signalé au Mans, fossés
de la ferme de Sablé ; au Gué-de-Maulny ; à Saint-Maixent
(Anjubault) ; à Écommoy, flaque d'eau du pré de Moque-
Souris, dépendant de Bézonnais (Goupil).

NOTA. — Les planorbes peuvent être privés d'eau et demeurer à sec pendant quinze à vingt jours. Les œufs sont hyalins
et renfermés dans des capsules ; ils varient en nombre selon
les espèces. L'éclosion se fait environ une quinzaine de jours
après la ponte.

Famille IX. — **PHYSIDÆ**.

Animal spiral, ovale, sénestre; 2 tentacules grêles, cylindriques, sétacés, oculés à leur base interne. Manteau simple ou digité sur ses bords, pouvant se recourber et recouvrir la coquille. Mâchoire unique, arquée, finement striée. Radule à dents latérales et marginales pectinées ou serriformes.

Coquille spirale, mince, fragile, à sinistrosité normale; columelle tordue; péristome tranchant.

Manteau digité, à bords réfléchis; coq. ovale enflée; 4 tours... PHYSA.
Manteau simple, bords à peine réfléchis; coq. ovale allongée; 5-6 tours... APLECTA.

G. 1. **PHYSA** Draparnaud, 1801.

Étym. du grec, vessie.

Manteau digité, fournissant de chaque côté des languettes charnues appliquées sur la face externe du dernier tour. Pied ovale allongé, arrondi en avant, aigu en arrière; orifices respiratoire et génitaux situés du côté gauche.

Coquille sénestre, ovale-oblongue, très mince, luisante, transparente, imperforée ou à peine perforée, ouverture verticale, allongée; spire courte et obtuse.

SECTION PHYSA, *sensu stricto*.

P. FONTINALIS Linné, 1758 (*Bulla*).
— *Planorbis bulla* Müller, 1774.
Vulgairement, la bulle aquatique. Geoffroy.

Coquille ovale, ventrue, très mince, fragile, brillante, diaphane, d'un jaune de corne pâle; spire courte de 4 tours; l'inférieur très ample; sommet très obtus; ouverture grande, ovale-oblongue, à bords très minces; péristome simple, entier, tranchant.

Hauteur, 10-15 mm. — Diamètre, 7-12 mm.

Variété *Inflata* Moquin-Tandon. — Coquille plus renflée que le type.

Habitat. — Toute la France, mais rare dans le Midi. Assez commun dans la Sarthe : étangs de Saint-Mars-la-Brière, fossés du camp d'Auvours, fossés d'Ardenay (Morin). Signalé à Pont-de-Gennes, prés marécageux bordant l'Huisne, en amont du pont du chemin de fer (Morin). Signalé par M. Huard dans les fossés et ruisseaux du Gué-de-Maulny. La variété *inflata*, moins commune, s'y rencontre avec le type. Vit dans les fontaines, les fossés aquatiques, les mares, etc., mais de préférence dans les eaux pures, parmi les *Sium*, les *Chara*, les *Fontinalis*.

Les individus vivant dans les courants rapides ont une coquille plus solide et sont généralement de petite taille ; ceux qui habitent les eaux croupissantes, comme dans les douves, les fossés, le voisinage des lavoirs , peuvent acquérir une grande taille et leur coquille est plus mince.

G. APLECTA Fleming, em. 1828 (Aplexa).
Etim. du grec : non tressé.

Manteau simple, à bords à peine réfléchis.

Coquille sénestre, mince, fragile, brillante, à sommet aigu ; tours de spire à peine convexes ; ouverture très allongée ; péristome simple, tranchant.

Coq. lisse ; 6 tours de spire ; péristome simple..... A. HYPNORUM.
Coq. finement striée, 5 tours ; péristome garni d'un bourrelet intérieur... A. ACUTA.

1. A. HYPNORUM Linné, 1758. (Bulla.)
— Planorbis turritus Müller. 1774.

Coquille ovale-allongée, conique vers le sommet qui est aigu ; de couleur brunâtre ou fauve-jaunâtre, lisse, très brillante, très polie, transparente ; spire allongée de 6 tours, l'inférieur très ample et un peu ventru ; ouverture oblongue lancéolée ; labre mince, coloré ; bord columellaire épaissi, blanchâtre à la base ; péristome simple.

Hauteur : 10-15 millim. — Diamètre : 4-7 millim.

Habitat. — Toute la France. Rare dans le département. Signalé au Mans , chemin du Gué-Bernisson à l'Epau (Goupil).

Vit dans les mares et fossés aquatiques, sur les plantes, ainsi que dans la mousse mouillée.

2. A. ACUTA. Draparnaud, 1805 (Physa).
— *fluviatilis*. Férussac. 1820.

Coquille ovale, un peu ventrue, mince, luisante, transparente, de coloration très variable, généralement d'un gris rosé ou cornée ; marquées de stries longitudinales très fines ; 5 tours de spire à sommet aigu ; ouverture assez grande, oblongue, anguleuse dans sa partie supérieure ; labre mince, bord columellaire sinueux, épaissi et blanchâtre ; péristome garni intérieurement d'un mince bourrelet blanchâtre.

Hauteur : 10-12 millim. — Diamètre : 6-8 millim.

Var. *B. Subacuta* Goupil, 1835. — Moins aiguë que le type.

Habitat. — Espèce de la France méridionale et centrale, vivant dans notre région à l'extrême limite de son habitat. Type et variété très rares dans la Sarthe. Le type signalé dans les fossés du Moulin-à-l'Évêque et la variété, aux environs du Mans, sans localité précise (Goupil); se trouve dans les sources, les ruisseaux, les rivières, les fossés aquatiques.

Mœurs des Physes. — Animaux lacustres vivant de préférence dans les eaux pures et tranquilles où ils rampent et nagent renversés et fort vite. Chaque individu pond de 40 à 50 œufs ovoïdes, réunis en petits paquets de matière gélatineuse ; l'éclosion a lieu vers le seizième jour après la ponte. Font leur nourriture de plantes aquatiques.

DIOICA.

Organes de génération, mâles et femelles portés par des individus différents.

§. — *Accouplement nécessaire.*

Ordre des PROSOBRANCHIATA Milne-Edwards, 1848.

Branchies situées en avant du cœur. Sexes distincts. Gastéropodes dioïques, aquatiques ou terrestres, organisés pour la reptation. Respiration branchiale ou pulmonaire. Coquille univalve operculée, holostome.

/ Branchies finement denticulées en forme de peigne. Mollusques
\ pourvus d'organes d'accouplement......... PECTINIBRANCHIATA.
) Branchies attachées au plafond d'une cavité particulière. Mollusques
\ privés d'organes de copulation........ .... SCUTIBRANCHIATA.

Sous-ordre I. — PECTINIBRANCHIATA Cuvier 1817.

Mollusques dioïques, aquatiques ou terrestres, dont la
branchie est formée de deux feuillets inégaux, ou rarement
réduite à un seul feuillet. Respiration aquatique au moyen
de branchies finement denticulées comme un peigne, ou
aérienne au moyen d'une poche pulmonaire à parois minces,
vascularisées. Pourvus d'organes d'accouplement.

/ Animal terrestre. Coq. turbinée ovale conique, ouvert. circulaire à
1. bords réfléchis........................... CYCLOSTOMATIDÆ.
\ Animal aquatique........................... 2.

/ Coq. ombiliquée, subdiscoïdale ou conoïde, ouvert. circulaire à
2. bords tranchants........................... VALVATIDÆ.
\ Coq. perforée ou imperforée.. .... 3.

/ Coq. petite, ovale ou cylindracée, ouverture entière. HYDROBIIDÆ.
3. Coq. grande, conoïdale, à sommet obtus, ouverture
\ arrondie ....•..... PALUDINIDÆ.

Tænioglossa.

§. = *Pectinibranches fluviatiles operculés branchifères.*

Famille X. — HYDROBIIDÆ. —

Animal ovipare ; rostre long ; tentacules allongés, portant
les yeux à leur base externe ; branchie interne ; verge placée
sur le cou, éloignée du tentacule droit et saillante ; dent centrale de la radule munie d'une ou de plusieurs denticulations
basales, Coquille turbinée, ouverture entière ; opercule corné
ou calcaire.

\ Une denticulation basale ; opercule corné, paucispiré HYDROBIINÆ.
) Plusieurs denticulations basales ; opercule calcaire,
/ concentrique........................... ..... BITHINIINÆ.

Sous-famille. — **HYDROBIINÆ.** —

Pied simple ; verge bifide ; opercule corné spiral.

G. **BITHINELLA** Moquin-Tandon, 1855.
Etym. diminutif de Bithinia.

Coquille ovale allongée, pupiforme, subperforée, ouverture arrondie, labre légèrement épaissi ; opercule corné, paucispiré, à nucléus excentrique et subbasal.

(Coq. allongée, cylindrique........................ B. Ferussina.
(Coq. ovale-ventrue............................... B. similis.

1. B. FERUSSINA Des Moulins, 1827 (Paludina).

Coquille petite, allongée, cylindrique, assez lisse, mince, transparente, brillante, de couleur blanchâtre, mais souvent encroûtée d'un limon vert-noirâtre ; spire allongée de 5 tours arrondis ; suture profonde ; sommet obtus et mamelonné ; ouverture ovale, arrondie, un peu oblique, péristome droit, tranchant ; opercule gris, enfoncé dans la coquille ; fente ombilicale très étroite.

Hauteur : 2-4 millim. — Diamètre : 1 1/2 millim.

Habitat. — Une très grande partie de la France. Très rare dans le département. Signalé à Sablé, près le four à chaux de l'Arc-en-pied ; Chevillé, à la Chenardière (Goupil). Vit sur les mousses, les pierres, les Conferves, dans les sources d'eau vive ; se rencontre dans les sources situées au pied des rochers, parmi le *Lemna trisulca*.

2. B. SIMILIS Draparnaud, 1805 (Cyclostoma).
non des Moulins, 1828 (Paludina).
— Paludina similis Michaud (Compl. 1831).

Coquille petite, ovale-conique, d'un corné clair, verdâtre ou roussâtre, mince, transparente, finement striée ; 4-5 tours de spire convexes, le dernier très renflé ; suture profonde ; sommet aigu ; ouverture arrondie ; péristome continu, un peu évasé et légèrement épaissi ; fente ombilicale, petite, oblique et peu profonde ; opercule corné, roussâtre, mince et brillant à stries circulaires très marquées.

Hauteur : 4-7 millim. — Diamètre : 3-4 millim.

Habitat. — Espèce de la France méridionale. Très rare dans le département. Signalé au Mans, le Moulin-à-l'Evêque ; à Vallon, Chantenay, Viré (Goupil). Vit dans les petites rivières, les ruisseaux et les fossés qui y communiquent.

Nota. — Il serait intéressant de comparer cette espèce avec le *Paludina similis* Des Moulins, qui se rencontre à Angers, pour voir s'il n'y a pas chez nous une confusion regrettable.

Sous-famille. — BITHINIINÆ.

Pied simple, verge bifide ; opercule calcaire concentrique, placé à l'entrée de la coquille.

G. BITHINIA Gray, 1821.
— *Elona* Moquin-Tandon, 1855.

Etym. de *Bithinia*, nom géographique ancien?

Coquille subperforée, turbinée, ovale, mince, à péristome continu, opercule calcaire, à éléments concentriques, ouverture ovale-piriforme, fente-ombilicale peu sensible.

B. TENTACULATA Linné, 1758 (Helix).
— *impura* Draparnaud, 1801 (Cyclostoma).
Vulgairement la petite operculée aquatique Geoffroy.

Animal pourvu de tentacules longs, très flexibles.

Coquille petite, ovale-conique, translucide, finement striée, couleur de corne jaunâtre, ordinairement couverte, à l'état vivant, d'un dépôt crétacé ou limoneux plus ou moins abondant ; 5-5 1/2 tours de spire assez peu ventrus ; sommet aigu, suture peu profonde ; ouverture ovale piriforme, bordée à l'intérieur d'un bourrelet blanchâtre ; péristome bordé de brun ; fente ombilicale ordinairement peu visible ; opercule calcaire blanc-verdâtre, marqué de deux sillons circulaires et fermant l'entrée de la coquille.

Hauteur : 8-12 mm. — Diamètre : 5-7 mm.

Habitat. — Toute la France. Très commun dans le département, dans les ruisseaux, les rivières, les fossés aquatiques : la Sarthe, l'Huisne, le Loir, la Bienne, la Vègre, etc. Pond de mai en août, 30 à 70 œufs globuleux, hyalins, rangés en bandé, sur trois rangs. Les jeunes éclosent au bout d'un mois environ.

Famille XI. — PALUDINIDÆ.

Animal ovovivipare : Mufle assez long ; tentacules aigus, allongés, semblables chez les femelles, inégaux chez les mâles dont le droit est plus court, et percé d'une ouverture correspondant à l'extrémité de la verge, qui est contenue dans ses téguments ; yeux portés sur de courts renflements placés à la base et en dehors des tentacules ; branchie interne ; dents de la radule finement crénelées à leur bord réfléchi.

Coquille turbinée, subperforée, conoïde, à sommet mamelonné, épidermée, à tours convexes, ouverture entière, arrondie, anguleuse en arrière ; opercule corné, à éléments concentriques : nucléus excentrique, placé près du bord interne.

G. PALUDINA Lamarck 1812.

— *Vivipara* Lamarck, 1809.

Etym. du latin, palus, marais.

Coquille conoïdale, assez mince, à sommet obtus ; tours convexes ; ouverture à bord réunis, tranchants ; opercule corné à nucléus sublatéral.

| Coq. très ventrue, sommet mucroné, tours très convexes. | P. VIVIPARA. |
| Coq. ventrue, sommet non mucroné, tours convexes... | P. FASCIATA. |

1. P. VIVIPARA Müller, 1774 (Nerita).
— *vivipara* Draparnaud, 1805 (Cyclostoma).
— *contecta* Millet, 1813 (Cyclostoma).
— *vulgaris* Dupuy, 1852 (Vivipara).

Coquille conoïdale, ovale, mince, très ventrue, subtransparente, finement striée en long, de couleur olivâtre, cachant sous un épiderme brun-verdâtre, trois bandes d'un brun sombre, plus sensibles sur le dernier tour ; 6 tours de spire très convexes, à suture profonde, le supérieur aigu, très petit et presque toujours détruit, sommet mucroné ; ouverture oblique, arrondie inférieurement, anguleuse supérieurement, et fermée exactement par un opercule corné, à stries concentriques ; péristome noir ou bleuâtre ; fente ombilicale ouverte.

Hauteur : 25-40 mm. — Diamètre : 18-30 mm.

Habitat. La majeure partie de la France, plus commun dans le Midi. — Rare dans le département. Signalé au Mans, moulin du Gué-de-Maulny (Huard); dans l'Huisne, grande prairie au-dessous du moulin de l'Epau; l'Huisne, à la Ferté-Bernard, (Morin); rare dans la Sarthe, à Alençon (de Liesville); Le Loir, à Vaas (Huard).

Variété Minor. Coquilles adultes, avec des dimensions moitié plus petites que celles du type, recueillies par M. Huard, dans le Loir, à la Bruère.

Vit plus particulièrement dans les eaux tranquilles, les fossés aquatiques, les canaux, moins souvent dans les eaux courantes des rivières.

Les poils nombreux, déposés par rangs, qui ornent la coquille de cette espèce dans le jeune âge, ne se rencontrent bien que chez les individus vivant dans les eaux stagnantes. Ces poils disparaissent quand la coquille arrive à son cinquième tour; alors elle se montre avec l'épiderme qui la recouvre entièrement. Elle est assez souvent encroûtée de limon.

2. P. FASCIATA Müller, 1774 (Nerita).
— *achatina* Draparnaud, 1801 (Cyclostoma).
— *fasciata* Dupuy, 1852 (Vivipara).

Coquille conoïdale, ovale, un peu allongée, épaisse, ventrue, striée; de couleur vert blanchâtre, plus nettement fasciée que la précédente, marquée sur les tours inférieurs de trois bandes d'un brun violet, bien visibles; 6 tours de spire convexes, le supérieur souvent détruit; sommet non mucroné; suture peu profonde; ouverture obovale, subarrondie; péristome blanc-bleuâtre; opercule corné, à stries concentriques; fente ombilicale peu sensible.

Hauteur : 25-45 mm. — Diamètre : 18-28 mm.

Habitat. Une grande partie de la France, principalement

le Nord. Très commun dans certaines parties du département. Abondant dans la rivière de la Sarthe au-dessous du Mans, dans l'Huisne au-dessous de Pontlieue. Je n'ai encore pu rencontrer cette espèce dans l'Huisne, de Montfort à Connerré. De Liesville n'en fait pas mention aux environs d'Alençon.

Vit de préférence dans les rivières ; se rencontre moins fréquemment dans les fossés aquatiques et les étangs et très rarement avec le *P. vivipara*. Comme cette dernière espèce, elle est hispide dans son jeune âge ; mais en perdant ses poils, la coquille ne présente aucun épiderme et devient à peu près lisse.

Famille XII. — VALVATIDÆ.

Mufle proboscidiforme, allongé ; tentacules très longs, sétacés ; yeux sessiles situés postérieurement et à leur base interne ; branchie unique externe, pectiniforme, redressée comme un plumet et agitée sans cesse, formant une sorte de panache saillant sur le cou ; un appendice filiforme, long, saillant, placé au côté droit de la branchie, simulant un troisième tentacule ; verge extérieure, insérée à la base et en dehors du tentacule droit.

Coquille turbinée ou subdiscoïdale ; ouverture circulaire ; opercule corné.

G. VALVATA O. F. Müller, 1774.
— *Gyrorbis* Fitzinger, 1833.

Coquille ombiliquée, subdiscoïde ou conoïde ; spire peu saillante, à tours convexes et peu nombreux, sommet mameloné ; ouverture circulaire, oblique ; péristome mince continu, tranchant, un peu évasé ; opercule corné, multispiré.

{ Coquille discoïde................................... V. CRISTATA
{ Coquille globuloïde, trochiforme.................. V. PISCINALIS.

SECTION VALVATA, sensu stricto.

1. V. CRISTATA Müller, 1774.
— *planorbis* Draparnaud, 1801.
— *Gyrorbis cristatus*, Fitzinger, 1833.

Coquille petite, discoïde, très déprimée, plane en dessus,

fortement ombiliquée en dessous, lisse ou très finement striée, blanchâtre, transparente, quelquefois recouverte d'un limon brunâtre ; 3 tours de spire ; ouverture exactement ronde ; péristome simple ; opercule, concave en dedans, convexe en dehors, enfoncé dans la coquille et marqué de stries concentriques.

Hauteur : 1-1 1/2 mm. — Diamètre : 2-4 mm.

Habitat. Toute la France. Rare dans le département. Signalé au Mans, près de la Mission, dans les fossés de la Bertinière ; Avessé, prairies de Martigné (Goupil).

Vit de préférence dans les eaux stagnantes, les fossés des prairies, des marais, sous les feuilles submergées, les végétaux en décomposition, ou parmi les *Lemna* et d'autres plantes aquatiques.

Section Cincinna Hübner, 1810.

2. V. PISCINALIS Müller, 1774 (*Nerita*).
— *obtusa* Draparnaud, 1801 (*Cyclostoma*).
Vulgairement, le porte-plumet. Geoffroy.

Coquille globuleuse, conoïdale, trochiforme, blanchâtre ou d'un brun-verdâtre, striée ; 4 tours de spire convexes, à sommet obtus ; ouverture ronde ; ombilic ouvert et profond ; opercule à éléments concentriques et entrant assez avant dans la cavité de l'ouverture.

Hauteur, 4-5 mm. — Diamètre, 4-6 mm.

Habitat. — Toute la France. Ne paraît pas très rare dans le département ; mais les observations manquent sur beaucoup de points. Signalé au Mans, le Moulin-à-l'Évêque ; Vallon, Chantenay (Goupil) ; à Yvré-l'Évêque, moulins de Noyers et de l'Épau (Morin) ; à Pont-de-Gennes, ancien cours de l'Huisne, en amont du pont du chemin de fer (Morin). Au Mans, dans la Sarthe, les bains Boulay et le long de la digue près le moulin d'Enfer (Huard). Vit dans les ruisseaux, les rivières peu rapides, les fossés aquatiques, les marais.

Cette espèce, qui vit quelquefois agglomérée en groupes d'assez nombreux individus, présente des coquilles dont la spire est déprimée et d'autres dont la seconde moitié du dernier tour est détachée.

Nota. — Dans les mois de mai à août, les Valvées déposent leurs œufs, au nombre de 60 à 80, contenus dans une seule capsule sphérique, de matière coriace et jaunâtre. Cette capsule est fixée par un des points de sa circonférence aux pierres et aux tiges des plantes aquatiques (Bouchard-Chantereaux).

§. — *Pectinibranches terrestres operculés pulmonifères.*

Famille XIII. — CYCLOSTOMATIDÆ.

Animal terrestre; mufle allongé; 2 tentacules cylindriques, renflés à leur extrémité; yeux sessiles placés sur un renflement à leur base externe; pied obtus en arrière, divisé par un sillon en deux moitiés indépendantes, agissant alternativement pendant la reptation; poche aérienne tapissée de vaisseaux. Pas de mâchoires; radule normale.

Coquille à ouverture entière, subarrondie, un peu anguleuse en arrière, et fermée par un opercule calcaire ou corné.

G. CYCLOSTOMA Draparnaud, 1801.

Étym. du grec : cercle et bouche.

Coquille turbinée, ovale-turriculée, ouverture ovale subarrondie; péristome simple, continu; opercule calcaire, spiral, aplati, à nucléus subexcentrique.

Section Cyclostomus Montfort, 1810.

—   *Ericia* Moquin-Tandon, 1848.

1. G. ELEGANS Müller, 1771 (*Nerita*).

Vulgairement, l'élégante striée. Geoffroy.

Coquille turbinée, ovale-conique, dure, solide, élégamment striée, de coloration variable, généralement grise, mais quelquefois marquée de deux séries de taches brunes ou pointillée de flammes vineuses, quelquefois encore jaunâtre ou roussâtre, ou violette; 5 tours de spire arrondis, à suture profonde; péristome simple, continu, fente ombilicale profonde; opercule calcaire spiral, closant parfaitement l'ouverture.

NOTA. — Ce petit mollusque est remarquable par la manière dont il marche; il fait des espèces de pas ou d'enjambées, par suite de la contraction indépendante de chaque moitié latérale du pied; l'extrémité de sa masse proboscidiforme, appliquée en même temps sur le sol, aide à la progression.

Hauteur, 12-15 mm. — Diamètre, 8-12 mm.

Habitat. — Toute la France, dans les terrains calcaires. Assez rare en général dans la Sarthe. Très commun au Mans, butte de Gazonfier; assez commun à Yvré-l'Évêque, Crissé, Lombron, au Paradis. Ne se trouve pas à Montfort-le-Rotrou. Très rare aux environs d'Alençon (de Liesville). Vit dans les champs, les vignes, les haies, les coteaux calcaires, sous les pierres, parmi les feuilles mortes, dont il fait sa nourriture.

Sous-Ordre II. — SCUTIBRANCHIATA Cuvier, 1817.

Gastéropodes dioïques, à branchies attachées au plafond d'une cavité particulière qui s'ouvre en avant, soit sur le dos, soit à gauche, entre le bord du manteau et le corps, et dont les organes de copulation manquent. Cœur pourvu de deux oreillettes et d'un ventricule traversé par le rectum. Radule composée de plusieurs dents centrales et d'un grand nombre de dents marginales, étroites, serrées, en forme de crochets, disposées en rangées courbes comme les lames d'un éventail.

Rhipidoglossa.

§. — *Scutibranches dioïques, aquatiques, operculés, branchifères.*

Famille XIV. — NERITIDÆ.

Animal aquatique à tête large; tentacules longs, cylindriques, grêles, aigus à leur extrémité; yeux portés sur des pédoncules placés à la base externe des tentacules ; pied ovalaire ; cœur embrassant l'intestin par son ventricule ; anus au côté droit ; verge douteuse. Radule à dents marginales nombreuses, arquées, serrées, étroites.

Coquille imperforée, de forme variable, spire courte ; ouverture semi-lunaire entière ; région columellaire aplatie, à bord rectiligne ; labre arqué, non réfléchi, opercule calcaire, à face interne munie d'apophyses saillantes.

G. NERITINA Lamarck, 1809.

Étym. diminutif de *Nerita,* sorte de coquillage, mot grec.

Coquille assez mince, convexe en dessus, aplatie en dessous ; spire peu saillante, à tours généralement lisses ; ouverture semi-circulaire ; bord columellaire aplati, droit ; labre aigu, à face interne non crénelée, ni dentée. Opercule calcaire, semi-circulaire, clôturant complètement l'ouverture, extérieurement paucispiré et à nucléus excentrique ; face interne munie de plusieurs apophyses.

Section Theodoxus Montfort, 1810.

Animal fluviatile. Columelle non dentée. Opercule à face interne munie d'une apophyse claviforme bien visible et d'une apophyse apicale rudimentaire.

1. N. FLUVIATILIS Linné, 1760 (*Nerita*).
— *Theodoxus Lutetianus* Montfort, 1810.

Vulgairement, la nérite des rivières. Geoffroy.

Coquille petite, semi-globuleuse, aplatie en dessous, de couleur variable sous un épiderme brun-verdâtre : blanche, brune, jaunâtre et ornée de petites linéoles en zigzag, grises ou roses ; 2 tours de spire, dont le dernier est très grand ; ouverture semi-lunaire à bords entiers ; labre très excavé ; bord columellaire septiforme aplati, droit, en forme de cloison. Opercule oblique, calcaire, coloré à son bord externe.

Hauteur, 5-8 mm. — Diamètre, 6-12 mm.

Habitat. — Toute la France. Très commun dans les rivières et ruisseaux de notre région. On trouve plusieurs va-

riétés. Les individus dont la coquille est marquée de taches
ou linéoles sont les plus communs dans l'Huisne, de Saint-
Mars à Connerré; on y rencontre aussi quelques échantillons
noirâtres. Vit dans le lit des cours d'eau, appliqué contre les
pierres ou rampant sur les plantes et autres corps immergés.

CLASSE DES PÉLÉCYPODES.

PELECYPODA Goldfuss, 1821,

— *Lamellibranchiata* Blainville, 1816.
— *Conchifera* Lamarck, 1818.

Mollusques aquatiques, sans tête distincte, protégés par
une coquille formée normalement de deux pièces ou valves,
réunies par un ligament et s'articulant par une charnière.
Bouche grande, entourée de palpes charnus, et cachée dans
le fond du manteau. Pas de mâchoire ni de radule. Corps ordinairement comprimé, enveloppé dans un manteau bilobé;
pied ventral, ayant la forme d'un fer de hache (en grec *Pelecypoda*). Respiration aquatique au moyen d'une ou deux
paires de branchies situées sur les côtés de la masse viscérale.

Sous-Classe BIVALVIA. Coquille de deux pièces.

§. — *Animaux dioïques ou hermaphrodites, ovovivipares,
branchifères. Pas d'accouplement.*

Ordre des TETRABRANCHIA Fischer, 1887.

Pélécypodes dont les 4 branchies flottent en avant et en
bas dans la cavité palléale.

1. { Branchie externe dépourvue d'une lame accessoire postérieure........................ INAPPENDICULATA.
{ Branchie externe pourvue d'une lame accessoire postérieure........................ APPENDICULATA.

2. { Branchie externe appendiculée. Coq. assez petite, inéquilatérale,
dentée................................ CONCHACEA.
{ Branchie externe non appendiculée................. 3.

3. { Pied linguiforme byssifère. Coq. mytiliforme, charnière sans
dents............................... MYTILACEA.
{ Pied sécuriforme, non byssifère. Coq. équivalve, charnière dentée
ou non............................... SUBMYTILACEA.

§. — *Inappendiculata.*

Sous-Ordre I. — **MYTILACEA** Fischer, 1887.

Pied linguiforme, essentiellement byssifère; 2 muscles adducteurs du byssus; 4 branchies égales ou subégales, les externes non appendiculées.

Coquille équivalve, charnière non symétrique; ligne palléale entière.

Famille I. — **MYTILIDÆ.**

Étym. de *mytilus*, moule.

Byssus bien développé; 2 siphons, l'anal et le branchial.

Coquille équivalve, cunéiforme, sans échancrure du byssus, mais légèrement bâillante au bord ventral; charnière nulle.

Sous-famille **DREISSENSIINÆ** Fischer, 1887.

— *Dreissenadea* Van Beneden, 1834.

Animal fluviatile; siphons branchial et anal longs, séparés.

G. **DREISSENSIA** P. Van Beneden, em. 1835 (DREISSENA). —

— Tichogonia Rossmässler, 1835.
— Mytilina, Mytilomya Cantraine, 1837.
Étym. dédié à Dreissens, pharmacien belge, qui a découvert l'espèce en Belgique.

Animal trigone; bouche petite; siphons saillants; l'anal court et gros à sa base; le branchial, grand, pyramidal, orné de séries longitudinales de papilles; branchies subégales, l'externe un peu plus large que l'interne, réunies en arrière. Coquille assez petite, mytiliforme, triangulaire, épidermée, équivalve, non nacrée intérieurement; sommets aigus, terminaux; bord cardinal sans dents; une légère dépression pour le passage du byssus, sur la valve droite.

1. *D*. **POLYMORPHA** Pallas; 1771 (MYTILUS). —

— *Mytilus Volgæ* Chemnitz, 1795.
— *Dreissena polymorpha* V. Beneden, 1834.
— *Tichogonia Chemnitzi* Rossmässler, 1835.
— *Mytilina polymorpha* Cantraine, 1837.
— *Dreissena fluviatilis* Bourguignat, 1856.

Coquille de forme variable, à sommets terminaux, quelquefois excoriés, un peu recourbés en dessous et presque contigus ; équivalve, inéquilatérale, aplatie dans son milieu où les valves sont entrebâillantes pour laisser passer le byssus ; valves carénées inférieurement. Couleur extérieure d'un brun verdâtre, plus ou moins foncé, tantôt uniforme, tantôt portant, surtout près des sommets, des bandes jaunes qui suivent régulièrement le contour des stries d'accroissement, ou bien formant des zigzags à angles assez vifs ; enfin quelques rares individus présentent une bande d'un jaune vif, longitudinale, de chaque côté et un peu au-dessus de la carène. Intérieur des valves d'un blanc-bleuâtre et portant en dedans des crochets un septum entier sur lequel est attaché le muscle adducteur antérieur des valves ; impression de l'adducteur postérieur du byssus, allongée, étroite et parallèle au bord de la coquille.

Cette coquille a l'aspect extérieur d'une petite moule.

Longueur : 25-35 millim. — Hauteur : 15-18 millim. — Epaisseur : 8-10 millim.

Habitat. — Originaire de l'Europe orientale, cette espèce intéressante s'est propagée peu à peu dans l'Europe centrale, dans les diverses régions de l'Ouest et a dû venir, de canal en canal, jusque dans nos limites. En 1771, Pallas la découvrait à l'embouchure du Volga ; depuis cette époque on l'a recueillie dans les fleuves du Centre ; le Dniéper, le Danube et leurs affluents. En 1833, Dreissens, pharmacien de Mazeylh, d'où elle a pris son nom générique, la pêchait en Belgique ; en 1838, le naturaliste L. Potiez la recueillait pour la première fois en France, dans le canal de la Deule (Nord) ; en 1847, Gervais la signalait dans le Rhin, la Moselle, l'Escaut ; en 1855, on la découvrait à Paris, dans les conduites d'eau du Jardin des Plantes, puis dans la Seine et ses affluents autour de la capitale ; en 1858, de Joannis et Millet la signalent dans la Loire, à Montsoreau et aux Ponts-de-Cé (Maine-et-Loire) ; en 1864, on la trouve à Tours et Caillaud la recueille à

Nantes ; en 1866, on la pêche à Bordeaux et à Avignon. En même temps ou à peu près, M. Edouard Guéranger l'observe pour la première fois dans notre département, aux environs de la Suze, dans la Sarthe. En 1869, M. Guillier, géologue, la rencontre dans la même rivière près le moulin de Juigné. Vers la même époque, M. Dugué, médecin à Malicorne, la trouve également aux environs de Juigné. Un peu plus tard elle a été recueillie par M. Huard, naturaliste, dans la Sarthe, à Arnage et près du Mans, au-dessous des écluses du moulin de Chaoué. Enfin, le 1er mars 1881, M. Hanoy, conducteur des ponts et chaussées, la collectait, à l'état de coquille morte, au Mans, quartier du Greffier, dans les détritus, sur les bords de la Sarthe.

L'acclimatation des Dreissènes a été effectuée en 25 ans dans tous les grands bassins hydrographiques de France.

Mode de propagation. — On suppose que ce Mollusque fut introduit en Allemagne par les trains de pontons durant les guerres du premier Empire, quoiqu'il n'y ait été signalé qu'en 1814 (Fischer).

De Joannis pense que pour remonter le cours des fleuves et des rivières, les Dreissènes se fixent par leur byssus aux coquilles des Nayades (Unios et Anodontes) ; les Nayades les charroient ainsi avec elles à contre-courant, leur permettant de se propager sur des points de plus en plus élevés et de remonter ainsi, à force de temps, jusqu'à de fort grandes hauteurs.

Sous-ordre II. — SUBMYTILACEA (Blainville, 1824), Fischer 1887.

Pied non byssifère ; bords du manteau épaissis, papilleux ; deux muscles adducteurs des valves.

Coquille presque toujours équivalve et régulière ; charnière variable. Intérieur nacré ; ligne palléale simple.

Famille II. — **UNIONIDÆ.**

— Nayades Lamarck, 1809.

Animal fluviatile ou lacustre; pied grand, sécuriforme, comprimé des deux côtés, branchies grandes, inégales, l'interne débordant l'externe en avant ; sexes réunis chez la plupart des espèces européennes.

Coquille régulière ; équivalve, nacrée à l'intérieur ; épidermée ; ligament externe, grand, saillant ; bord des valves lisse ; charnière très variable, dentée ou non dentée.

Sous-famille. — **UNIONINÆ.** —

Orifice branchial incomplet et communiquant avec l'orifice pédieux ; siphon anal bien constitué. Pied proportionné à la dimension de l'animal.

{ Charnière composée, dentée, à lames plus ou moins saillantes Unio.
{ Charnière simple, sans dents ni lames saillantes....... Anodonta.

G. 1. UNIO Philipsson, 1788. —

Etym. du latin unio : grosse perle (Pline).

Pied grand, tranchant, aplati des deux côtés ; branchies grandes, inégales, réunies en arrière l'une à l'autre et avec le manteau ; sexes séparés.

Coquille de forme variable, mais toujours équivalve, régulière, close, épaisse, épidermée ; sommets saillants, généralement tuberculeux, souvent érodés, surface extérieure lisse, plissée ou ridée ; intérieur nacré; ligament saillant, allongé ; charnière de la valve droite portant deux dents latérales antérieures et une longue dent latérale postérieure, lamelleuse, subparallèle au bord cardinal ; charnière de la valve gauche composée d'une dent latérale antérieure, d'une dent cardinale placée sous les crochets et de deux longues dents latérales postérieures, lamelliformes, transverses, impressions des adducteurs des valves profondément marquées, surtout l'antérieure ; une impression de l'adducteur du pied au-dessus de chaque cicatrice de l'adducteur des valves ; une impression semi-lunaire (adducteur ou fixateur de la masse viscérale), en arrière de celle de l'adducteur antérieur des valves ; ligne palléale entière (Manuel Fischer, 1887).

<table>
<tr><td rowspan="2">1.</td><td>Épiderme épais, noirâtre, sans bandes ; coquille subtétragone, très pesante, sillons prononcés....................</td><td>U. LITTORALIS.</td></tr>
<tr><td>Épiderme mince, vert-jaunâtre ou olivâtre, orné de bandes.............................</td><td>2.</td></tr>
<tr><td rowspan="2">2.</td><td>Épiderme luisant, radié de vert foncé ; coquille assez petite, régulièrement ovale.................... ....</td><td>U. BATAVUS.</td></tr>
<tr><td>Épiderme luisant, non radié, orné de bandes plus foncées..</td><td>3.</td></tr>
<tr><td rowspan="2">3.</td><td>Coquille assez grande, ovale très allongée, jaunâtre ; rostre aigu.........................</td><td>U. PICTORUM.</td></tr>
<tr><td>Coquille moyenne, cunéiforme, brune ; rostre obtus.</td><td>U. REQUIENI</td></tr>
</table>

S.-G. **LIMNIUM** Oken, em. 1815 (Lymnium). —

Coquille symétrique ; dents latérales postérieures toujours bien visibles.

SECTION LIMNIUM, sensu stricto.

1. U. LITTORALIS Cuvier, 1798.
— rhomboideus Moquin-Tandon 1855.

Coquille de taille moyenne, variable dans ses formes, mais en général ovale élevée, presque ronde, assez renflée, un peu tétragone ou rhomboïdale, très épaisse, pesante, recouverte d'un épiderme noir, épais, rugueux, lamelleux ; sommets proéminents, ondulés tuberculés, rougeâtres ou jaunâtres ; ligament noirâtre, peu saillant ; bord supérieur arqué, creusé en avant des sommets ; bord inférieur peu courbé ; bord antérieur court, arrondi ; bord postérieur arrondi-allongé et portant en bas un rostre très court, tronqué ; dents cardinales très fortes, larges à la base, triangulaires, crénelées, sillonnées en dessus et jamais comprimées ; impressions musculaires antérieures profondes, très rugueuses, les postérieures peu sensibles ; impressions palléales très marquées.

Longueur : 60-80 millim. — Hauteur : 60-65 millim. — Epaisseur : 25-30 millim.

Habitat. — Les cours d'eau de toute la France. Signalé dans la Sarthe, le Loir, l'Huisne, la Vègre, etc. Toutefois je pense que le type de Cuvier est assez rare dans notre région.

Je ne l'ai pas rencontré dans l'Huisne aux environs de Montfort : de St-Mars-la-Brière à Connerré.

Variété *U. Draparnaldi* Deshayes 1831.
— *Draparnaudi* Moquin-Tandon 1855.

Coquille subtriangulaire, de dimensions plus faibles que le
type ; bord supérieur très arqué ; rostre très bas ; bord inférieur sinué plus ou moins, sommets assez saillants, quelquefois érodés.

Longueur : 62 millim. — Hauteur : 43 millim. — Epaisseur : 23 millim.

Habitat. — La Sarthe, le Loir, commune dans l'Huisne à
Monfort, Pont-de-Gennes.

Var. *U. subtetragona* Michaud 1831.
— *subtetragona* Goupil 1835.

Coquille assez petite, subtétragone. Bord inférieur plus ou
moins droit ; bord antérieur plus atténué et acuminé que dans
le type ; bord postérieur bianguleux arrondi. Sommets portant de fortes rides s'étendant assez loin sur les natèces.

Longueur : 60-65 millim. — Hauteur : 45-50 millim. —
Epaisseur : 22-25 millim.

Habitat. — Le Loir, la Sarthe. Assez rare dans l'Huisne,
aux environs de Montfort.

Var. *Cuneatus* Moquin-Tandon, 1855.
? — *U. cuneatus* Rossmässler, 1854.

Coquille allongée, beaucoup moins haute que le type ; très
atténuée en arrière, très rostrée ; sommets d'un brun-rouge,
très saillants, très renflés, non excoriés ; rostre toujours fortement encroûté.

Longueur : 70-75 millim. — Hauteur : 43-50 millim. —
Epaisseur : 25-30 millim.

Habitat. — Le Loir. Commune dans les rapides de l'Huisne,
aux environs de Montfort.

Var. *minor* Rossmâssler, 1842.

— *minor* Moquin-Tandon, 1855.

Coquille petite, presque ronde. Bord inférieur peu courbe. Sommets rougeâtres, courbés en avant, ridés jusque sur les natèces, presque jamais excoriés. Epiderme brun-rougeâtre plus foncé vers le bord inférieur.

Longueur : 38-40 millim. — Hauteur : 32-35 millim. — Epaisseur : 16-18 millim.

Habitat. — La Sarthe, au-dessous du Mans. L'Huisne à Pontlieue. Paraît très rare.

2. U. BATAVUS Maton et Rackett 1807 (Mya). —
— *Batava* Lamarck, 1819.

Coquille de forme variable, assez petite, régulièrement ovale, assez épaisse ; solide ; bord antérieur arrondi, bord postérieur arrondi, un peu atténué ; rostre droit et un peu bas ; bord supérieur légèrement arqué ; bord inférieur droit ou peu concave. Sommets situés au quart de la longueur totale, faiblement élevés, ridés-ondulés, très rapprochés. Ligament court, brun-jaunâtre. Dents cardinales comprimées, assez épaisses, relevées en crête conique, crénelées et striées. Lames cardinales presque droites, minces, entières et assez élevées. Impressions musculaires antérieures assez profondes, les postérieures moins sensibles. Epiderme roux, brunâtre, olivâtre ou jaunâtre, avec des rayons obliques d'un vert foncé partant des sommets et s'étendant sur la région postéro-dorsale, et portant plusieurs zones ou bandes brunes longitu-dinales, généralement plus étroites et plus rapprochées en bas qu'en haut. Nacre variable, le plus souvent d'un blanc azuré ou blanc rosé à reflets verdâtres.

Longueur : 45-60 millim. — Hauteur : 25-30 millim. — Epaisseur : 18-20 millim.

Habitat. — Les fleuves et les rivières du Nord et du Centre de la France. Commun dans notre région. La Vègre, à Avessé (Goupil) ; la Sarthe, à Neuville (Huard) ; la Sarthe, à

Sablé (Morin). J'ai observé cette espèce dans l'Huisne, depuis son confluent, en remontant jusqu'à Connerré. Primitivement découvert en Hollande, d'où son nom spécifique.

Var. U. nana Lamarck, 1819.
— amnicus Ziégler in Rossmassler, 1836.

Coquille très petite, un peu ventrue, subelliptique ; sommets avec des rugosités sinueuses. Dent cardinale fort petite. Épiderme assez épais d'un vert brun foncé, non radié, Nacre irisée.

Longueur, 35 mm. — Hauteur, 20 mm. — Épaisseur
10 mm.

Habitat. — Les pays de montagnes : Vosges, Dauphiné, Franche-Comté. Signalé dans la Vègre, à Asnières, par M. l'abbé Davoust, ancien curé de la localité et conchyliologiste distingué.

Var. U. arcuata Jacquemin, 1835.
— Jacquemini Dupuy, 1849.
— arcuatus Moquin-Tandon, 1855.

Coquille grande, allongée, subtétragone, plus renflée, plus épaisse et plus rostrée que le type. Couleur jaunâtre ou brun-marron, sans radiations apparentes. Bord antérieur tronqué inférieurement ; bord inférieur arqué ; bord postérieur à rostre subarrondi, assez élevé. Dent cardinale allongée.

Longueur, 65-75 mm. — Hauteur, 30-35 mm. — Épaisseur, 30-33 mm.

Habitat. — Assez rare dans l'Huisne, aux environs de Montfort.

Nota. — L'*U. Batavus* présente dans nos limites, plusieurs autres variétés que je n'ai pu déterminer d'une manière précise.

3. **U. REQUIEN** Michaud (Compl. 1831).
— pictorum Draparnaud, 1801.

Coquille très variable, de taille moyenne ou assez petite,

oblongue, cunéiforme, légèrement ventrue, assez solide. Bord supérieur droit jusqu'au delà du ligament, puis tombant subitement en arrière où il forme un rostre peu allongé, bas et plus ou moins obtus; bord inférieur presque droit; bord antérieur assez arrondi. Sommets enflés, très rapprochés, rugueux, situés assez près du bord antérieur et portant des ondulations tuberculeuses ou simples. Ligament saillant un peu arqué. Dents cardinales comprimées, allongées, triangulaires ou demi-circulaires, un peu acuminées, à crête dentelée. Lamelles fortes, assez hautes, entières. Impressions musculaires antérieures profondes, les postérieures lisses, superficielles. Épiderme variable, mais généralement d'un vert plus ou moins brun, assez souvent d'un brun presque noir, avec des bandes plus foncées. Nacre d'un blanc rosé, carné, jaune ou saumoné, souvent marqué de taches livides. Pas de rayons obliques verdâtres sur la région postéro-dorsale.

Longueur, 60-80 mm. — Hauteur, 30-45 mm. — Épaisseur, 20-30 mm.

Habitat. — Toute la France centrale. Très commun dans nos limites, où il est trop souvent confondu avec l'*U. pictorum* Linné. Signalé au nord du département, près d'Alençon, dans le Sort, la Sarthe, le Chevin (de Liesville). Trouvé dans la Braye, à Gréez-sur-Roc; dans la Dive, au-dessous de Mamers; l'Orne-Saosnoise, au-dessus de Montbizot; le canal des Courbes, au-dessous du Mans; l'Huisne, à Pontlieue, Yvré-l'Évêque, Montfort, Connerré, etc. (Morin).

Var. *rostratus* de Joannis, 1859.
— *rostrata* Gassies, 1849.

Coquille allongée, plus grande que le type, moins renflée; rostre plus allongé, moins bas, subtronqué et presque droit. Sommets souvent érodés assez largement.

Cette variété a de grands rapports avec l'*U. pictorum* Linné; l'épiderme est de même couleur, jaune-verdâtre avec de larges bandes brunes, longitudinales; mais généralement la première de ces bandes est située plus loin des sommets que dans le type *pictorum*. Elle s'en distingue encore surtout par le développement de la dent postérieure de la valve gauche, qui est rudimentaire ou peu développée chez l'*U. pictorum*.

Longueur, 85-90 mm. — Hauteur, 43-45 mm. — Épaisseur, 25-30 mm.

Habitat. — La Sarthe, aux environs de Sablé (Chaudron). Extrêmement rare à Pont-de-Gennes, sur les grands fonds sablonneux près le pont du chemin de fer. (Morin.)

Var. *decurvata* Gassies, 1849.
— *arcuatus* de Joannis, 1859.

Coquille assez épaisse, plus comprimée, et moins grande que le type ; bord supérieur sensiblement plus courbé ; bord inférieur arqué ; rostre comprimé, très bas. Épiderme jaune verdâtre ; tantôt orné de 4 séries de larges bandes noires, tantôt présentant des bandes très pâles, qui font paraître la coquille d'un vert brun uniforme.

Longueur, 60-65 mm. — Hauteur, 32-35 mm. — Épaisseur, 22-25 mm.

Habitat. — La Sarthe, au Mans. Rare dans l'Huisne, aux environs de Montfort.

Var. *U. Turtoni* Payraudeau, 1826.
— *Turtoni* Moquin-Tandon, 1855.

Coquille allongée, mince, fragile, un peu bâillante aux extrémités, très peu ventrue, bord inférieur, arqué ; bord postérieur dilaté et terminé par un rostre bas et arrondi. Dents cardinales petites, comprimées. Épiderme olivâtre ou roux noirâtre, plus foncé vers le bas. Nacre blanche, nuancée de bleuâtre.

Longueur, 65-70 mm. — Hauteur, 30-35 mm. — Épaisseur, 25-28 mm.

Habitat. — L'Huisne, dans les grands fonds sablonneux.

Trouvée pendant les écourues, sous les arches du pont du chemin de fer, à Pont-de-Gennes. Rare.

Var. rostralis de Joannis, 1859.

Coquille plus petite que le type, allongée, très arquée inférieurement, surtout en arrière sous le rostre, qui est recourbé en dessous et très atténué. Elle est assez enflée et les sommets sont profondément érodés. L'épiderme est d'un vert plus ou moins noir, uniforme ou avec des bandes (de Joannis).

Longueur, 65-70 mm. — Hauteur, 30-35 mm. — Épaisseur, 25-30 mm.

Habitat. — Assez rare dans l'Huisne, aux environs de Montfort.

4. U. PICTORUM Linné, 1758 (Mya), pro parte.

   — *rostrata* Lamarck, 1819.
   — *pictorum* Moquin-Tandon, 1855.

Coquille moyenne ou assez grande, d'un ovale très allongé, rostrée, un peu ventrue, assez épaisse, solide. Épiderme d'un jaune verdâtre, avec des bandes longitudinales brunes, inégalement espacées. Bord antérieur arrondi; bord postérieur très allongé, se prolongeant en un rostre un peu aigu. Bords supérieur et inférieur, à peine courbés, à peu près droits et presque parallèles. Sommets assez gonflés, très rapprochés, ridés-tuberculés et situés à peu près au tiers de la longueur totale. Ligament allongé, ne faisant pas saillie au-dessus des sommets. Dents cardinales minces et allongées, moins saillantes que dans l'*U. Requieni.* Dent postérieure de la valve gauche, rudimentaire. Lamelles saillantes, allongées, entières. Impressions musculaires lisses, bien marquées, surtout l'antérieure. Nacre ordinairement d'un blanc laiteux argenté, mais variant du rose violacé au blanc saumoné et au jaune doré.

Longueur, 60-100 mm. — Hauteur, 25-45 mm. — Épaisseur, 25-30 mm.

Habitat. — Les fleuves, les rivières, les étangs de la

France septentrionale. Signalé dans les rivières du département (Goupil).

J'ai inscrit cette espèce sur la foi de Goupil (*Moll. Sarthe*, 1835), tout en doutant, d'après les dimensions exiguës de son ouvrage, qu'il ait rencontré le vrai type dans nos limites. Depuis plus de dix ans de recherches personnelles et après avoir visité les collections de notre contrée, je n'ose encore affirmer la présence d'individus réunissant, chez nous, d'une manière satisfaisante, tous les caractères essentiels du type de Moquin-Tandon.

Var. *tumens* de Joannis, 1859.

Coquille cunéiforme. Bords supérieur et inférieur peu courbés. Rostre droit, étroit et tronqué. Ventre enflé; sommets rougeâtres situés près du bord antérieur. Ligament saillant, très courbe et très fort. Épiderme jaunâtre ou vert brunâtre, avec 4 bandes brunes, longitudinales.

Longueur, 60-70 mm. — Hauteur, 30-35 mm. — Épaisseur, 25-30 mm.

Habitat. — Le Loir. Je crois pouvoir rapporter à cette variété plusieurs échantillons pêchés dans l'Huisne, à Pont-de-Gennes, près le pont du chemin de fer.

Var. *U. longirostris* Ziégler *in* Rossmässler, 1836.

Coquille cylindracée ou dactyliforme. Bord inférieur, sinueux, allongé. Bord supérieur un peu montant; bord antérieur atténué et subtronqué. Épiderme variable suivant la nature des eaux : vert-brunâtre ou rougeâtre, avec 4 à 5 bandes brunes longitudinales. Sommets rougeâtres, rarement excoriés.

Longueur, 70-75 mm. — Hauteur, 35-38 mm. — Épaisseur, 23-25 mm.

Habitat. — Le Loir, au-dessous de La Flèche.

Nota. — La diversité des formes de la coquille et de la charnière, les couleurs variables de l'épiderme et de la nacre rendent très difficile la détermination des variétés de l'*U. pictorum* Linné. Il est certain que notre département en ren-

ferme un certain nombre que mes moyens d'investigation ne
me permettent pas de fixer avec certitude.

Sous-Genre MARGARITANA Schumacher, 1817.

Pied grand, linguiforme, obtus; bords du manteau portant
des franges et des papilles très développées.

Coquille assez grande, inéquilatérale allongée; valve droite
avec une dent latérale antérieure et une dent latérale postérieure peu sensible; valve gauche portant une dent latérale
antérieure, une dent cardinale sillonnée et pas de dent latérale postérieure.

Section Margaritana, *sensu stricto*.

M. MARGARITIFERA Linné, 1758 (*Mya*).
— *fluviatilis* Schumacher, 1817.
— *margaritifera* Dupuy, 1852.
— *Unio margaritifer* Moquin-Tandon, 1855.

Coquille assez grande, elliptique allongée, assez peu ventrue et un peu comprimée vers le milieu, épaisse, pesante.
Bord supérieur faiblement arqué, l'inférieur un peu sinueux.
Bord antérieur court, arrondi, le postérieur très allongé;
sommets déprimés, souvent excoriés très profondément et
mettant à nu une nacre brun noirâtre. Ligament saillant,
long, brun, à reflets métalliques. Épiderme d'un noir mar-
ron. Dent cardinale conique, crénelée. Lames latérales
presque nulles. Impressions musculaires d'*Unio*. Nacre d'un
blanc bleuâtre, souvent parsemée de larges taches livides,
d'un olivâtre cuivré. Une vingtaine de petites impressions
ponctiformes sur chaque valve, servant de points d'attache
au manteau.

Longueur, 80-110 mm. — Hauteur, 35-50 mm. — Épaisseur, 22-35 mm.

Habitat. — Les rivières torrentielles d'une grande partie
de la France montagneuse. Très rare dans nos limites. Découverte par M. Huard, naturaliste, dans la Vaudelle, à 5 ki-
lom. en amont du bourg de Mont-Saint-Jean. Une centaine

d'individus de cette intéressante espèce furent d'abord rapportés vivants au Mans, et au moins une vingtaine furent mis à l'eau au Gué-de-Maulny : on ne les a jamais retrouvés. M. Huard communiqua les plus beaux échantillons à Moquin-Tandon, qui détermina lui-même l'espèce, mais se refusa d'abord à croire à son habitat dans la Sarthe. Enfin après avoir pris connaissance de la station presque montagneuse des collines des Coëvrons et des Bercons, et de la nature des eaux où l'espèce se rencontre, le célèbre malacologiste se rendit à l'évidence.

G. 2. ANODONTA Lamarck, 1799.

Étym., du grec, sans dents.

Animal d'*Unio;* pied linguiforme, comprimé. Hermaphrodite, ovovivipare; le sexe femelle seul apparent.

Coquille inéquilatérale, ovale transverse, généralement mince. Sommets peu étendus. Charnière sans dents, mais présentant une lamelle cardinale. Ligament externe, linéaire. Impressions musculaires des adducteurs des valves écartées, superficielles; les antérieures ou buccales un peu plus accusées; deux impressions des adducteurs du pied; une impression palléale et une dans la cavité des crochets.

1.	Coq. très grande, ovale-arrondie; valves minces sillonnées en entier...................................... A. CYGNEA.
	Coq. très grande, ovale-allongée, sillonnée dans son étendue....................................... 2.
2.	Coq. fragile; bords supérieur et inférieur horizontaux et parallèles....................................... A. CELLENSIS.
	Coq. gonflée dans toutes ses parties, très ventrue; bord inférieur sinueux....................................... A. VENTRICOSA.
3.	Coq. moyenne, allongée, comprimée, bord inférieur légèrement courbe; rostre tronqué obliquement........... A. INTERMEDIA.
	Coq. assez grande, ovale, très pesante, ventrue, côtelée vers le rostre; épiderme brun foncé................. A. PONDEROSA.
4.	Coq. assez petite, ventrue, renflée, brillante supérieurement, sillonnée inférieurement, sommets rougeâtres..... A. PISCINALIS.
	Coq. assez petite, très peu ventrue............ 5.
5.	Coq. fragile; bord supérieur arqué; rostre tronqué verticalement. Épiderme brun uniforme...................... A. ANATINA.
	Coq. ovale, comprimée, bâillante en arrière; épiderme vert olivâtre, avec bandes étroites................... A. COMPLANATA.

1° Groupe des CYGNÉES.

1. A. CYGNEA Linné, 1758 (*Mytilus*).

Animal gris-verdâtre ou d'un jaune sale.

Coquille très grande, ovale-élevée, ventrue au milieu, comprimée en avant, raccourcie dans son ensemble; bord antérieur plus haut que le postérieur, qui est suballongé et terminé en pointe émoussée; bord supérieur presque horizontal; bord inférieur régulièrement courbe, sans aucune sinuosité; épiderme brun-verdâtre, avec les sommets le plus souvent rougeâtres; valves assez minces, sillonnées profondément dans toute leur étendue et traversées par des rayons légers d'un vert brunâtre; ligament noirâtre, épais, peu proéminent; nacre blanchâtre; lames cardinales fortes, quelquefois surchargées d'aspérités ou excroissances.

Longueur, 150-200 mm. — Hauteur, 80-120 mm. — Épaisseur, 50-65 mm.

Habitat. — Les étangs, les canaux, les viviers, les marais de quelques parties de la France. Jamais il ne se rencontre dans les fleuves ou les rivières. Ce type linnéen est exceptionnellement rare dans notre département s'il y existe réellement.

Goupil a confondu sous l'épithète d'*A. cygnea* toutes les variétés cygnéennes, piscinales ou pondéreuses qui vivent dans notre région. Millet (*Moll. Maine-et-Loire,* 1854) le signale en Anjou. De Joannis (*Étude sur les Nayades de Maine-et-Loire,* 1858) dit le contraire. De Liesville (*Moll. env. d'Alençon,* 1856) le cite comme assez commun dans la rivière de la Sarthe : assertion qui me paraît plus que douteuse.

Le Musée du Mans renferme un échantillon du type. C'est le seul que j'ai vu dans notre département.

Variété *Cellensis* Moquin-Tandon 1855.

— *Mytilus Zellensis* Gmelin 1788.

— *Anodonta cygnea* Draparnaud 1805.

Animal gris-jaunâtre, allongé ; pied brun-rougeâtre ; branchies d'un jaune sale, rayées de violet-noirâtre.

Coquille très grande allongée en forme de bec postérieurement, mince, fragile, bianguleuse ou obtusément aiguë. Bords supérieur et inférieur horizontaux, droits et à peu près parallèles ; l'inférieur, quelquefois un peu sinueux, forme un angle très obtus en se relevant brusquement en arrière; rostre tronqué obliquement.

Epiderme brun verdâtre ou jaunâtre, avec les sommets gris, rarement rougeâtres, et souvent décorticulés. Valves, en général, assez renflées, sillonnées profondément et toutes rugueuses. Nacre d'un blanc bleuâtre inférieurement, rose jaunâtre sous les sommets, avec des taches éparses d'un vert livide ou d'un blanc laiteux, ou encore hérissée de petites protubérances de la nature des perles.

Long. 160 à 170 mm.; Haut. 75-80 mm. Epaiss. 45-50 mm.

Habitat. — La France entière, mais surtout dans la région du Nord.

Vit dans les eaux vaseuses des étangs, des marais, des fleuves et des rivières. Cette variété ne paraît pas très commune dans notre département.

Je l'ai trouvée en 1869 dans l'étang de Gemmasse à Saint-Ulphace.

En 1890, j'en ai collecté vivants plusieurs échantillons que j'ai pêchés dans l'ancien cours de l'Huisne à Pont-de-Gennes, en amont du pont du chemin de fer.

Les variétés d'*A. cygnea* signalées dans mon *Catalogue des Mollusques de la Sarthe* (Bulletin, soc. d'Agricult. de la Sarthe, tome XXVII 1880), comme ayant été trouvées dans l'Huisne à Yvré-l'Évêque et à l'Épau, ne se rapportent pas à la forme *Cellensis*.

Variété *intermedia* Moquin-Tandon, 1855.

— *A. intermedia* var. *b* Lamarck, 1819, non Millet 1854.

— *A. oblonga* Millet, 1832.

Animal comprimé, d'un jaune orange ; bord du manteau orné d'une large bande violet noirâtre à l'intérieur, chez les adultes ; pied quadrangulaire orangé vif, branchies d'un gris jaunâtre.

Coquille moyenne, allongée, comprimée, assez fragile. Bord supérieur presque droit, un peu montant, par suite de la dilatation du corselet en arrière ; bord inférieur légèrement courbe et presque parallèle au bord supérieur. Bord antérieur arrondi, un peu atténué ; bord postérieur terminé par un rostre comprimé et tronqué obliquement. Surface irrégulière, ridée, non brillante, striée dans sa partie supérieure et pourvue de sillons ou bourrelets espacés dans sa partie inférieure. Epiderme variant du vert olivâtre ou vert brunâtre, au brun rougeâtre. Sommets gris brun ou rougeâtres. Ligament allongé. Nacre jaune rosâtre sous les sommets ; bleuâtre, irisée dans le reste de la coquille, parfois obscurcie par des taches livides ou maculée de blanc laiteux.

Les individus jeunes ont leur partie postérieure beaucoup plus dilatée que les adultes.

Long. : 100-130 mm. Haut. : 60-70 mm. Epaiss. : 25-30 mm.

Habitat. — Les rivières et les ruisseaux à fond vaseux d'une grande partie de la France. Cette variété, qui ressemble beaucoup à l'*A. Cellensis*, mais avec de plus petites dimensions, paraît être très commune dans les rivières de notre département. Je l'ai trouvée dans l'Huisne à l'Epau ; dans les fossés aquatiques, à Yvré-l'Evêque ; et, en grande quantité, dans l'ancien cours de l'Huisne, à Pont-de-Gennes, en amont et en aval du pont du chemin de fer, en compagnie de l'*A. Cellensis*, dont il est assez souvent difficile de bien la distinguer.

Variété *ventricosa* Dupuy, Drouet, non C. Pfeiffer.
— *sinuosa* Mauduyt 1839.

Animal gris-jaunâtre, ventru, très épais ; pied orangé ; manteau bordé de jaune orangé.

Coquille très grande, ovale oblongue, très ventrue et gon-
flée dans toutes ses parties ; arrondie et assez large en avant ;
partie postérieure un peu allongée, à angles émoussés et se
terminant par un rostre droit, tronqué obliquement ; bord
supérieur assez droit, presque parallèle à l'inférieur, qui est
un peu courbe et qui porte un peu en arrière de son milieu un
sinus ou dépression des valves à cet endroit. Epiderme brillant, d'un jaune verdâtre ou jaune brunâtre, avec des bandes
brunes et vertes à la partie inférieure. Sommets grisâtres ;
rouges dans les vieux individus. Valves sillonnées moins profondément que dans le type *Cygnea*, côtes moins grosses et
moins saillantes. Radiation peu sensible. Nacre brillante ;
d'un blanc argentin, souvent irisée, sans traces de taches
livides.

Long. : 160-190 mm. Haut. : 80-100 mm. Epaiss. : 60-75 mm.

Habitat. — Les canaux, les viviers, les étangs, les pièces
d'eau communiquant aux rivières. Paraît commun dans notre
région. Je l'ai trouvé dans l'étang de Gemmasse à Saint-
Ulphace, dans les pièces d'eau du château de Vaux à Yvré-
l'Evêque, dans celles du château de Montfort où il a dû être
transporté à l'état embryonnaire par les conduites d'eau
venant de l'Huisne ; dans l'ancien cours de l'Huisne, à Pont-
de-Gennes.

Pour l'abbé Dupuy, cet anodonte est une variété du *Cygnea ;*
Drouet le considère comme une variété grande, ventrue du
Cellensis.

2° Groupe des ANATINES.

2. A. ANATINA Linné 1758 (Mytilus).
— *anatina* Lamarck 1819.

Animal grisâtre dans son ensemble ; pied court, large,
de couleur jaunâtre ; branchies d'un gris rosé ; manteau bordé
de noir.

Coquille très variable, assez petite, toujours très peu ventrue, assez fragile ; sillons irréguliers assez marqués et finement striés dans la partie supérieure. Bord supérieur assez

arqué et montant; région du corselet un peu comprimée et dilatée. Bord inférieur peu arqué, quelquefois droit ou sinué. Bord antérieur atténué, très arrondi, sans angle obtus à son raccordement avec le bord supérieur. Bord postérieur plus ou moins allongé, terminé par un rostre comprimé, plutôt bas que haut et toujours tronqué verticalement. Epiderme variable; le plus souvent d'un brun-olivâtre plus ou moins foncé et de teinte ordinairement uniforme avec des bandes plus noires longitudinales et quelquefois une radiation obscure en arrière.

Sommets pointus, détachés de la coquille, ridés-ondulés, ordinairement teints de gris-roussâtre, souvent excoriés. Ligament jaunâtre, assez fort, proéminent. Lames cardinales presque nulles. Nacre d'un blanc bleuâtre. Impressions musculaires antérieures très apparentes.

Les variétés *radiata* Goupil 1835 et *minima* Millet 1832, ne sont pas assez nettement accusées et doivent probablement rentrer dans le type *anatina* Linné, à moins toutefois que la dernière ne soit une Piscinale, comme le laisse entrevoir de Joannis.

Long. : 50-80 mm. Haut. : 40-45 mm. Epaiss. : 15-20 mm.

Habitat. — Toute la France et principalement le Nord. Vit dans les rivières, les ruisseaux, les canaux ; semble préférer les eaux courantes à fond rocailleux.

Signalée dans la Sarthe à Saint-Léonard-des-Bois (Chaudron), dans les rapides de l'Huisne au-dessous de la Pécardière, à Montfort (Morin), dans l'Huisne au-dessous de l'Epau et du moulin de Noyers, à Yvré-l'Evêque (Chaudron), cette espèce paraît rare dans nos limites.

Variété *crassiuscula* Moquin-Tandon 1855.

Coquille plus ventrue, plus grande, plus épaisse que le type. Bord supérieur plus arqué mais moins montant. Les deux carènes extérieures du corselet sont quelquefois très marquées. Au reste, les mêmes caractères du type.

Long. : 90-95 mm. Haut. : 50-60 mm. Epaiss. : 25-32 mm.

Habitat. — Ancien cours de l'Huisne, en amont du pont du chemin de fer, à Pont-de-Gennes.

Variété *coarctata* Potiez et Michaud 1844.
— *parvula* Drouet 1852.

Coquille plus petite que le type, ovale allongée, fragile ; assez comprimée.

Partie antérieure extrêmement courte, étroite, arrondie et atténuée. Partie postérieure beaucoup plus haute en raison de l'élévation du corselet et de l'abaissement du bord inférieur. Bord dorsal un peu arqué ; bord antérieur arrondi ; bord inférieur à peu près horizontal ou légèrement sinueux, plus bas en arrière qu'en avant ; bord postérieur un peu allongé avec un rostre bas tronqué verticalement. Ligament presque recouvert et présentant vers son milieu une arcature sensible. Sommets pointus, ridés-ondulés, rejetés en avant et assez saillants. Epiderme variant du brun verdâtre au jaune grisâtre. Nacre d'un blanc bleuâtre, irisée de blanc rosé, avec des taches éparses d'un blanc lacté, et livides sous les sommets.

Long. : 45-60 mm. Haut. : 30-35 mm. Epaiss. : 12-15 mm.

Habitat. — Les petites rivières, les ruisseaux. Très rare dans l'Huisne à Pont-de-Gennes.

De Liesville signale, dans les ruisseaux le Sort et le Chevin, l'*A. Rayi* Dupuy, qui est une variété d'*A. anatina*, plus allongée que le type.

3. A. COMPLANATA Ziegler.
— *complanata* Drouet, Moquin-Tandon.

Animal grisâtre ; pied d'un jaunâtre pâle.

Coquille variable, ordinairement petite, ovale elliptique, très comprimée, bâillante en arrière : fragile. Bord supérieur, faiblement arqué, à peu près droit et montant.

Bord inférieur, presque droit, légèrement concave. Bord antérieur, atténué, arrondi.

Bord postérieur commençant au ligament et tombant subitement en ligne droite jusqu'au bas pour former un petit rostre
arrondi ou subaigu. Epiderme luisant, habituellement vert
brun foncé. Ligament allongé, recouvert par l'épiderme et
pour ainsi dire noyé dans les valves. Surface sillonnée assez
peu profondément à des distances assez grandes, et très souvent pleine de dépressions et d'irrégularités. Nacre très brillante, d'un blanc bleuâtre inférieurement ; rosâtre, sous les
sommets, et dans la partie postérieure.

Long. : 55-65 mm. Haut. : 40-45 mm. Epaiss. : 15-20 mm.

Habitat. — Les fleuves et les rivières. Vit plus spécialement dans les eaux courantes sur les fonds rocailleux et pier-
reux. Paraît très rare dans le département ; je l'ai rencontré
dans les rapides de l'Huisne au-dessous du moulin de l'Epau;
et depuis, j'ai trouvé deux individus dans les courants
de l'Huisne autour des îles de la Pécardière à Montfort.

3° *Groupe des PISCINALES.*

4. A. PISCINALIS Nilsson 1822.
 — *piscinalis* Dupuy 1852.
 — *variabilis* Moquin-Tandon 1855.

Animal variable. Manteau généralement grisâtre, avec les
bords d'un jaune orangé. Adducteurs des valves d'un blanc
jaunâtre. Branchies d'un gris verdâtre. Pied jaune rougeâtre.

Coquille très variable, de taille moyenne ou assez petite,
ventrue, renflée, un peu épaisse, très finement striée et bril-.
lante supérieurement ; légèrement sillonnée inférieurement.
Corselet dilaté, comprimé, ailé, très relevé et crête. Bord
supérieur presque droit, très montant, faisant un angle avec
le bord antérieur qui est arrondi, subtronqué. Bord inférieur
régulièrement arrondi et faisant un angle très vif à sa jonction
avec le bord supérieur puis descendant assez brusquement pour
former un rostre court, subanguleux. Sommets ridés, proéminents, dépassant le bord supérieur. Ligament médiocre pres-

qu'entièrement recouvert. Impressions musculaires peu apparentes. Epiderme rougeâtre sur les sommets, gris cendré au-dessous, jaune verdâtre, radié de vert dans la partie inférieure. En outre chaque valve est ornée le plus souvent de trois bandes brunes inégales : une près du bord palléal, une au tiers de la hauteur, et la dernière, souvent linéaire, ou à peine visible, placée au-dessus.

Long. : 80-100 mm. Haut. : 50-65 mm. Epaiss. : 25-35 mm.

Habitat. — Les eaux dormantes : étangs, viviers, canaux; plus rarement dans les rivières et les ruisseaux. De Liesville le dit assez commun aux environs d'Alençon et le signale dans la rivière de la Sarthe, ainsi que dans les ruisseaux le Sort et le Chevain qui coulent au nord de notre département.

J'ai rencontré une vingtaine d'échantillons vivants de cet Anodonte en compagnie d'*A. Cellensis, intermedia, subponderosa*, à Pont-de-Gennes, dans la rivière morte de l'ancien cours de l'Huisne, en amont du pont du chemin de fer.

Je ne puis déterminer d'une façon certaine les variétes de cet Anodonte que j'ai pêchées audit endroit.

4° *Groupe des PONDÉREUSES.* —

5. A. PONDEROSA C. Pfeiffer, 1828.
    — *Avonensis* Maton et Rackett (Mytilus), 1804.

Animal non observé.

Coquille assez grande ovale, ventrue, très pesante, sillonnée, côtelée surtout vers le rostre ; bord supérieur très arqué, surelevé au milieu. Bord inférieur épaissi, presque horizontal. Bord antérieur arrondi, un peu atténué. Bord postérieur se terminant en un rostre peu développé, tronqué largement et à angles émoussés. Ligament assez court, proéminent. Epiderme d'un brun foncé très sombre, avec des nuances plus claires dans le voisinage des sommets, et des rugosités à la surface, mais presque jamais d'exfoliations dans la partie inférieure de la coquille. Nacre blanchâtre. Impressions musculaires grandes, les antérieures profondes ; impression palléale rugueuse et assez large.

Longueur : 115-130 millim. — Hauteur : 70-75 millim. — Epaisseur : 45-50 millim.

Habitat. — Les étangs, les canaux et les rivières de certaines parties de la France. J'ai trouvé cet Anodonte en assez nombreuse quantité dans la grande prairie de l'Epau, en aval du moulin, au confluent des déversoirs et du principal cours de l'Huisne. Je l'ai recueilli à la suite des crues, à l'état de coquille morte, et j'en ai envoyé à Paris une dizaine d'échantillons, tant jeunes qu'adultes, à M. Dautzenberg, conchyliologiste sérieux en qui j'ai toute confiance, et qui a bien voulu me les déterminer.

Var. *subponderosa* Dupuy, 1849.
— *elongata* Moquin-Tandon, 1855.

Animal épais, ventru d'un blanc grisâtre pâle ; manteau d'un gris-jaunâtre orangé sur les bords ; pied orangé ; branchies d'un brun clair assez pâle.

Coquille moyenne, ovale oblongue, ventrue, épaisse surtout dans sa partie antérieure, pesante ; sillonnée dans sa partie inférieure ; lisse, brillante, dans sa partie supérieure, sans côtes ou bourrelets saillants. Bord supérieur arqué, non anguleux à sa jonction avec le bord antérieur, qui est arrondi. Bord inférieur presque droit. Bord postérieur terminé par un rostre assez développé, bas ou plus rarement relevé et tronqué verticalement. Ligament solide, onduleux, allongé, assez peu proéminent, d'un brun noirâtre. Epiderme brun foncé et devenant d'un beau rouge brun sur les natèces, très exfolié dans toute la partie inférieure et surtout vers les bords. Nacre épaisse en avant et de couleur blanc bleuâtre pâle beaucoup moins épaisse vers le rostre et d'un bleuâtre pâle. Impressions musculaires grandes et nettement tranchées.

Longueur : 90-110 millim. — Hauteur : 45-65 millim. — Epaisseur : 30-45 millim.

Habitat. — Les eaux dormantes, étangs, viviers, canaux. N'est peut-être pas très rare dans le département. J'ai pêché cette variété vivante et je l'ai recueillie à l'état de coquille morte à Pont-de-Gennes dans l'ancien cours de l'Huisne, en amont du pont du chemin de fer, lieu où elle se trouve en agglomération avec ses congénères.

Mœurs des Nayades. — Les Unios vivent dans les eaux courantes à fond sablonneux, tandis que les Anodontes recherchent les eaux tranquilles à fond vaseux. Ces mollusques sont dioïques (Unio), ou androgynes, ovovivipares (Anodonta). On évalue à 4 ou 500.000 le nombre d'œufs pondu par un Unio femelle. Ils éclosent dans les feuillets branchiaux externes ; les jeunes y passent les premiers temps de leur existence et en sortent réunis en petites masses, ayant déjà une certaine taille et munis d'une coquille normale ; ils tombent au fond de l'eau brusquement et rampent sur le sable ou dans la vase. Leur nourriture consiste en matière verte provenant d'animalcules morts et vivants ou de substances végétales en décomposition. La durée de leur existence paraît être d'une dizaine d'années et il leur faut trois ou quatre ans pour atteindre leur complet accroissement. Pendant les grandes chaleurs et les froids rigoureux, les Unios restent stationnaires en s'enfonçant dans le sable ; les Anodontes sont en pleine activité dans les mois d'été, mais l'hiver, ils s'enfoncent également dans la vase.

Les usages de ces mollusques sont assez restreints. Quelques espèces (*Unio margaritifer*) fournissent des perles de peu de valeur employées dans la joaillerie ; d'autres fournissent leur nacre ; certaines autres (*Unio pictorum*), servent pour contenir les couleurs des peintres en miniature. Enfin dans, certaines contrées de la France, surtout dans le Nord et le Midi, leur chair est mangée par les habitants pauvres des campagnes.

Pêche. — La pêche la plus abondante de ces animaux se fait en bateau et à la drague.

On peut quelquefois réussir à capturer un certain nombre d'individus, surtout parmi les variétés agglomérées, en introduisant, quand l'animal est en marche, une baguette entre les valves ; par le fait de la contraction subite des muscles adducteurs, la baguette se trouve fortement serrée et l'on peut enlever hors de l'eau la coquille et son animal.

J'ai réussi, au delà de tout espoir, à capturer des Anodontes (une quarantaine à l'heure), en emmanchant un léger râteau, dont les dents étaient préalablement entrelacées de fils de fer, au bout d'une solide canne à pêche en bambou de quatre mètres, privée de la tige flexible de son extrémité. Il suffit d'amener la vase à soi en grattant le fond, puis d'enlever le tout avec précaution.

Je me suis procuré de la sorte la plupart des variétés de notre région.

§ *Appendiculata*.

Sous-Ordre III. — CONCHACEA Blainville, 1818.

Pied non byssifère ; branchies inégales, l'externe pourvue d'une lame accessoire postérieure.

Coquille équivalve, subéquilatérale, dentée ; ligne palléale entière.

Famille III. — CYRENIDÆ.

Etym. du genre Cyrena : Cyrène, une nymphe.

Animal fluviatile ou lacustre ; ordinairement deux siphons ; pied grand non byssifère à l'état adulte ; branchies inégales, réunies en arrière.

Coquille équivalve, épidermée, non nacrée, trigone ou ovale arrondie ; charnière munie de dents cardinales et de dents latérales.

1. { Coq. subéquilatérale, moyenne, ovale arrondie ; manteau bitubulé ; 2 siphons.. SPHÆRIUM.
{ Coq. inéquilatérale, petite, trigone ; manteau unitubulé ; 1 siphon.. PISIDIUM.

G. 1. **SPHÆRIUM** Scopoli, 1777. —

— *Cyclas* (Bruguière 1792 non Klein 1753).

Etym. du grec: petite sphère.

Animal ovovivipare. Les embryons sont pourvus d'un byssus qui disparaît dans l'état adulte. Pied linguiforme très extensible ; deux siphons d'une longueur médiocre, unis à la base, séparés à l'extrémité ; le branchial un peu plus large et plus long ; palpes triangulaires lancéolés.

Coquille mince, ovale arrondie, ventrue, subéquilatérale, finement épidermée, lisse ou à stries concentriques ; côté antérieur un peu plus court que le postérieur ; dents cardinales petites : une à droite, souvent bifide, reçue entre deux dents obliques à gauche ; dents latérales comprimées, écartées, lamelliformes ; deux à droite, une à gauche ; ligament externe, peu apparent ; deux impressions musculaires réunies par une ligule peu marquée ; ligne palléale entière.

1.	Coq. calyculée; sommets couronnés par un mamelon saillant, concave..........................	S. LACUSTRE.
	Coq. non calyculée..............................	2.
2.	Coq. de 20 millim. ovale arrondie, fortement striée.	S. RIVICOLUM.
	Coq. finement striée.............................	3.
3.	Coq. de 10 millim. subglobuleuse arrondie.........	S. CORNEUM.
	Coq. de 7-8 millim. ovale tétragone, comprimée, très fragile	S. OVALE.

SECTION SPHÆRIUM sensu stricto. — Cyclas Lamarck 1799.

— *Sphæriastrum* Bourguignat, 1854.

Sommets arrondis ; dents cardinales en forme de V renversé.

1. **S. CORNEUM** Linné, 1758 (Tellina).

— *rivalis* Müller, 1774 (Tellina).

Coquille globuleuse, bombée, subéquilatérale, obtuse, à extrémités arrondies, finement striée, d'un brun grisâtre extérieurement, ornée d'une ou plusieurs bandes jaunâtres, dans sa partie inférieure ; dents cardinales fort petites ; dents latérales comprimées.

Longueur : 8-10 millim. — Hauteur : 8-12 millim. — Epaisseur : 6-10 millim.

Habitat. — Principalement les eaux stagnantes, les fossés aquatiques. Commun dans les fossés communiquant à l'Huisne autour de Pont-de-Gennes ; ruisseaux le long du chemin du moulin du Breil à Pont-de-Gennes.

Var. *Cyclas rivalis* Draparnaud 1805.

Coquille moins enflée que le type, plus inéquilatérale, contours moins arrondis, presque subanguleux. Bord inférieur très peu sinueux ou souvent presque droit.

Couleur d'un corné noirâtre ou jaunâtre, avec ou sans bande marginale.

Longueur : 12 millim. — Hauteur : 10 millim. — Epaisseur : 8 millim.

Habitat. — Les rivières, les ruisseaux, les fossés aquatiques. Trouvée avec le type à Pont-de-Gennes.

2. S. RIVICOLUM Leach in Lamarck 1818 (Cyclas).
— *corneum* Draparnaud 1805 (Cyclas).

Coquille assez grande, bombée, un peu transparente, à extrémités arrondies, fortement striée, d'un jaune sale ou brunâtre à l'extérieur ; une tache d'un jaune pâle sur la lunule et le corselet ; sommets et quelquefois le bord inférieur jaunâtres ; intérieur bleuâtre ; dents cardinales petites, tranchantes, les latérales comprimées, saillantes.

Longueur : 20-25 millim. — Hauteur : 15-18 millim. — Epaisseur : 10-15 millim.

Habitat. — Les rivières de la France septentrionale et moyenne. Trouvé dans la Sarthe, au dessous du Mans, à Chaoué, dans le canal des Courbes ; l'Huisne à Yvré-l'Evêque, Montfort, Connerré, etc. Commun. Les jeunes de cette espèce sont plus aplatis et moins foncés en couleur que dans l'état adulte.

3. S. OVALE Férussac, 1807 (Cyclas).
— *lacustre* Draparnaud, 1805 (Cyclas).
— *Deshayesianum* Bourguignat, 1853.

Coquille fortement comprimée, très mince, très fragile, ovale subrhomboïdale ou un peu tétragone, d'un gris cendré à l'extérieur ; extrémité antérieure moins arrondie que la postérieure ; sommets aigus, valves transparentes finement étriées en dessus ; charnière un peu droite ; dents cardinales et latérales presque semblables et très petites.

Longueur : 10-12 millim. — Hauteur : 7-8 millim. — Epaisseur : 4-6 millim.

Habitat. — Diverses contrés du Nord et du Centre de la France. Se trouve dans les eaux stagnantes et marécageuses, les fossés des marais. Signalé aux environs du Mans, prairies de St-Pavace ; à Brûlon, Chantenay, Vallon (Goupil). Rare dans notre région.

SECTION Musculium Link, 1807.
— *Securilla* Drouet, 1855.
— *Calyculina* Clessin, 1872.

Sommets calyculés ; dents cardinales n'ayant pas la forme d'un V renversé.

4. S. LACUSTRE Müller, 1774 (Tellina).
— *calyculata* Draparnaud, 1805 (Cyclas).
— *intermedia* Dumont et Mortillet.
— *tuberculata* Alten.

Coquille un peu comprimée, rhomboïdale, très mince, finement striée, transparente, d'un blanc-sale ou jaune verdâtre ; sommets aigus couronnés par un tubercule ou mamelon saillant ; concave à l'intérieur ; dents cardinales très petites, les latérales comprimées et obtuses.

Longueur : 8-15 millim. — Hauteur : 8-10 millim. — Epaisseur : 4-6 millim.

Habitat. — Toute la France. Les eaux stagnantes ; fossés et mares à fond vaseux. Signalé au Mans, dans les mares et

les vieilles marnières ; Avessé, mares du château de Martigné
(Goupil).

G. 2. PISIDIUM C. Pfeiffer, 1821. —

Etym. du latin pisum, pois.

Animal allongé, ovale, demi transparent, presque gélati-
neux, blanchâtre ; lobes du manteau lisses, ouverts ; un seul
tube siphonaire, l'anal, qui est très court ; pied linguiforme,
très extensible et portant un sillon profond ; palpes triangulaires, allongés. Coquille petite, ovale arrondie, rostrée antérieurement, inéquilatérale ; crochets un peu infléchis en
arrière; deux dents cardinales situées sous les sommets de
chaque valve ; dents latérales lamelleuses plus fortes que
celles des *Sphærium*, doubles sur la valve droite, simples sur
la valve gauche ; ligament postérieur, situé sur le plus petit
côté ; ligne palléale entière.

1. — Coq. subéquilatérale, orbiculaire, très petite, 2-4 millim. très finement striée.................................... P. PUSILLUM.
   — Coq. inéquilatérale, grande, 8-12 millim. rostrée en avant, très
   fortement striée, côtelée...................... P. AMNICUM.

SECTION PISIDIUM sensu stricto.

— *Fluminina* Clessin, 1873.

Deux dents cardinales sur chaque valve.

— **ORBICULATA** Baudon, 1857

1. P. PUSILLUM Gmelin, 1789 (Tellina).
— *fontinale* Draparnaud, 1805 (Cyclas).

Coquille très petite, ayant la plus grande analogie avec un
Sphærium, presque équilatérale, orbiculaire, un peu ventrue ;
sommets saillants, arrondis ; bord antérieur à peine allongé,
le postérieur arrondi ; valves minces, transparentes, ornées
de stries dissemblables, assez grosses sur le ventre et formant
souvent des saillies, fines et régulières sur le reste de la coquille. Surface un peu brillante, colorée de gris tendre aux
sommets et de jaune pâle sur le reste des valves. Intérieur
blanc jaunâtre, teinté de bleu pâle. Dents cardinales et latérales peu sensibles.

Longueur : 2-4 millim. — Hauteur : 2-3 millim. — Epaisseur : 2 millim.

Habitat. — Les fontaines, les ruisseaux, les marais, les fossés aquatiques alimentés par des eaux de sources. Signalé au Mans, chemin du Gué-Bernisson ; aux moulins de l'Epau (Goupil). Paraît très rare dans nos limites. Manque d'observations.

— **OVATA** Baudon, 1857. —

2. P. AMNICUM Müller, 1774 (Tellina).
— *palustre* Draparnaud, 1801 (Cyclas).
— *obliquum* Lamarck, 1818 (Cyclas).

Coquille très grande comparativement à ses congénères, inéquilatérale, presque triangulaire subventrue, épaisse, rostrée en avant, subarrondie en arrière, marquée de stries assez régulières, élevées, très saillantes, excepté aux sommets qui sont obtus, peu élevés. Surface un peu brillante, d'un gris verdâtre nuancé de lignes brunâtres plus foncées. Une large bande jaunâtre s'étend le long du bord palléal. Sommets cendrés. Ligament postérieur allongé. Charnière forte, arquée, épaisse. Dents cardinales très petites, les latérales saillantes, assez fortes. Intérieur des valves d'un bleu mat.

Longueur : 8-12 millim. — Hauteur : 6-8 millim. — Epaisseur : 4-7 millim.

Habitat. — Toute la France. Vit dans les petites rivières, les ruisseaux, les fossés aquatiques, les marais, dans la vase des étangs. Signalé au Mans, à l'Epau ; Vallon, Chantenay (Goupil). Fossés de la route de Vibraye, aux environs d'Ardenay (Huard). Fossés du camp d'Auvours (Morin). Paraît assez commun dans le département. Manque d'observations sur beaucoup de points.

Mœurs. — Ces mollusques vivent dans les eaux courantes ou stagnantes : ils sont hermaphrodites, ovovivipares. Les embryons de *Sphærium* éclosent dans les branchies internes ; un individu adulte en porte une demi-douzaine dans chaque branchie. Les jeunes grimpent sur les plantes submergées en se suspendant par les fils d'un byssus qui disparaît à l'état adulte. Les jeunes *Pisidium* se développent dans une poche incubatrice à la base de la branchie interne; six à huit petits arrivent à terme à la fois. L'expulsion n'a pas lieu brusquement comme dans les Nayades. Huit à dix minutes s'écoulent pendant la sortie de chaque individu par l'orifice anal de la mère. Au moment de la naissance, les coquilles des jeunes sont extrêmement plates, minces, transparentes et arrondies.

Ces animaux vivent surtout par l'absorption des molécules nutritives animales et végétales à l'état de dissolution. Les *Pisidium* ont une préférence pour l'eau chargée de matières animales et l'on a vu des *Sphærium* attaquer des crapauds et des écrevisses. A l'approche de l'hiver, tous ces mollusques s'enfoncent dans le sable ou dans la vase, pour ne reparaître qu'au printemps.

Pêche. — On peut se procurer un certain nombre de ces animaux en arrachant les plantes aquatiques, telles que les *Sparganium, Myriophyllum, Glyceria,* etc. On peut aussi les recueillir au troubleau ou dans un filet en toile métallique; mais le meilleur instrument à employer pour cette pêche est une passoire en fer blanc, oblongue, percée d'un grand nombre de petits trous et munie d'une douille oblique, dans laquelle on ajuste un bâton, ou mieux une longue canne en bambou. Il suffit de recueillir la vase dont on se débarrasse par l'agitation de l'instrument et les coquilles restent au fond de la passoire.

TABLE ALPHABÉTIQUE DES GENRES

Typographie Ed. Monnoyer.